남경사건

가사하라 도쿠시 지음
이상복 옮김

어문학사

역자의 글

"남경대학살사건", 진실을 규명하다.

"남경사건"은 1937년 12월~1938년 2월까지 남경을 점령한 일본
군이 중국인 포로와 일반시민을 상대로 학살, 강간, 방화 등을 저지른
대규모 학살사건이다. "남경사건"은 결코 우리와 무관하지 않다. 항
상 한국을 노리고 있는 북한의 전쟁도발 위협에 노출되어 있는 우리,
전쟁의 아픔을 실제로 경험한 우리, 아직도 전쟁이 남긴 상처로 잠 이
루지 못하는 위안부 할머니들과 함께 살아가고 있는 우리는 전쟁의
실상을 잘 알고 있어야 한다.

전쟁의 위험성이 끊이지 않는 지금, 어떻게 하면 좀 더 확실하게
전쟁의 참상을 한국에 알릴 수 있을까 생각하던 중 일본에서 『남경
사건』을 접하게 되었다. 『남경사건』은 1997년 초판으로 2016년 16
쇄를 기록하고 있다. 그만큼 일본인들에게 남경사건을 알리는 역할
을 작가 나름대로 해 나가고 있다고 할 수 있다. 무엇보다 이 책은 전

쟁을 일으킨 일본의 작가가 썼기 때문에 더욱 그 가치가 있다고 할 수 있다.

저자 가시하라 도쿠시씨는 『남경사건』 서장에서부터, 현재까지 도쿄재판과 남경군사법정에서 무엇이 어떻게 규명되었는가를 시작으로 남경사건의 발단과정과 그 당시의 일본군이 중국인에게 행한 잔학한 행동들을 거침없이 써 내려가고 있다. 저자는 그 동기에 대해 세계 각지에서 전쟁 때마다 학살·잔학사건이 되풀이되고 있다는 점을 들었다. "남경대학살에 대한 그 역사적 사회적 여러 요인을 분석"하고, "남경사건을 야기한 일본군의 의식 속에 있었던 중국인 차별·멸시관을 현재의 일본인은 어디까지 극복해 왔는가. 그것을 역사적으로 되묻고 자각"하게 하는 것이, 이 같은 "우행을 되풀이하지 않기 위한 자국민으로서 세계사의 진전에 공헌할 수 있는 길"이라 생각하기 때문이라고 적고 있다.

역자 또한, 평소 전쟁문학에 관심을 가지고 일본 여성작가들이 그

려내는 전쟁 관련 작품들을 꾸준히 연구해 왔다. 그런 연유로 이번 『남경사건』에서도 가장 심혈을 기울였던 부분이 중국여성에 대한 일본군의 행동이었다. 저자 역시 "남경사건 중에서도 두드러지게 많았던 것이 부녀자의 강간·윤간 및 살해였다"고 밝히고 있듯이 일본군에 있어 "11세의 소녀에서 53세", 심지어는 "72세와 76세가 되는 노파"까지, 모든 여성이 그 능욕의 대상이었다. 그 짐승적인 본능은 "대낮에 17명의 일본군이 여성 한 명을 윤간"하기도 하고, 능욕 대상이 젖먹이가 있는 경우에는 "갓난아이의 압사"로 이어지기도 했다.

독일대사관의 서기관(로젠)에 의하면 "한 여성의 음부에 짧은 막대기가 밀어 넣어져 있었다"며 "그것이 일본군의 방식"이라고 적고 있다. 일본군의 입성식 전후부터 강간사건이 "하루 1천여 건 이상이 발생하고, 최초 일주일만에 8천 명 이상의 여성이 희생"당했다고 한다.

전쟁으로 인한 "강간은 여성의 신체뿐만 아니라 마음에도 씻을 수 없는 깊은 상처를 남겼다. 스스로 목숨을 끊은 사람, 정신이 이상해진 사람, 더 나아가서는 악성 성병이 옮아 폐인처럼 된 사람, 무리한 낙태를 시도하다 몸이 상한 사람 등 먼 훗날까지 잔혹한 비극"은 이어지고 있다.

그렇다면 포로들에 대한 처리 방법은 어떠했을까?

양자강에서는 "석유를 뿌려 태웠기 때문에 악취가 심했고" "7, 8

천 명을 처리하기 위해서는 상당히 큰 구덩이를 필요"로 했으나 여의치 않자 "100~200명으로 분할한 후 적당한 곳으로 유도하여 처리"할 계획을 세운다. 또한, 장강에서는 "무수한 시체"가 떠다니는 피로 물든 처참한 광경을 보며 "군함 위의 일본군"이 "박수치며 기뻐하는 모습"을 보인다. 인간이 이렇게 잔인해질 수 있을까 몸서리쳐진다.

이 『남경사건』을 통해 안보의 절대 필요성을 다짐해보는 계기가 되었으면 하는 바람으로 이 책을 번역하게 되었다.

이 책이 나오기까지 편집에 애써주신 어문학사 편집부 그리고 윤석전 사장님께 깊은 감사의 말씀을 드린다.

2017년 2월
역자 이상복

역자 일러두기

• 본문에서 (략) 의 표시는 원문을 그대로 살려 표현한다.

• 한 단어가 일본어와 한국어 혼용인 경우에도 "마이니치신문", "이시카와 사카에씨", "아키타현 (秋田縣)"과 같이 편의상 띄우지 않는다.

• 일본어 외래어 표기법에 따른다.
  또한, 한국에서 이미 통용되고 있는 것은 그대로 표기한다. 예) '중앙공론', '문예춘추' 등.

• 책명과 신문은 『 』, 작품명과 문서는 「 」 부호를 붙인다.

• 독자의 편의를 도모하기 위해 지명이나 중국인의 이름은 한국어(한자음)로, 일본 지명이나 이름 등은 모두 일본어로 통일한다.

서장　무엇이 어떻게 규명되었는가

− 도쿄재판과 남경군사법정

도쿄재판의 판결을 전하다
『아사히신문』 (1948년 11월 13일) 지면 일부. 아사히신문사 제공

▌중일전쟁 주요지도 ▐

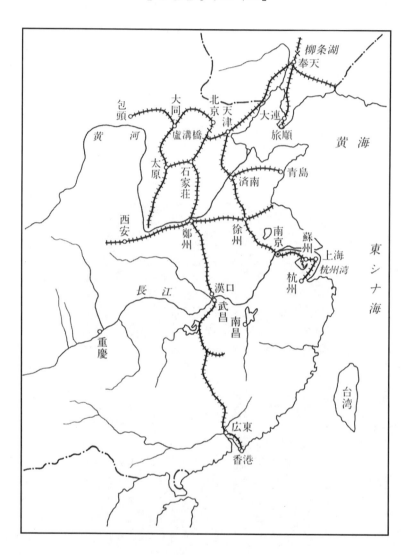

도쿄재판의 판결

1948년(쇼와23년) 11월 13일, 일본 신문은 극동국제군사재판(도쿄재판으로 약칭)의 판결을 일제히 보도했다. 『아사히신문』은 1면의 톱 표제로 「전범 25명의 피고에게 판결이 내려지다 / 도조東条, 히로타広田등 7명 교수형」이라고 보도, 2면에 「단죄에 대한 표정」이라는 타이틀을 붙인 사형판결을 듣는 전쟁 범죄자(전범)의 사진과 함께 7명의 '피고 개개인의 죄상'을 적었다. 그 중에 이미 70세가 된 마쓰이 이와네松井石根의 병약해 보이는 고개 숙인 얼굴 사진이 있고, 「남경의 잔학행위 / 이 소인訴因으로 교수형」이라고 하는 부표제 아래 마쓰이의 죄상이 다음과 같이 적혀 있었다.

> 그는 중지나방면군中支那方面軍을 이끌고 1937년 12월 13일 남경을 공략했다. 1937년 12월 13일, 대소동은 이 도시가 점거됐을 때 시작되어 1938년 2월초까지 끝나지 않았다. 이 6, 7주 동안 몇천 명의 여성이 강간당하고, 10만 명 이상이 살해됐으며, 무수히 많은 재산이 도난당하거나 타 버렸다. 이러한 지독한 사건이 최고조에 달했을 때, 이를테면 12월 17일에 마쓰이는 남경시에 입성하여 5일에서 7일간 체류했다. (략)
> 본 재판소는 마쓰이가 그동안 무슨 일이 일어났는지 알고 있었다는 충분한 증거가 있다고 판단한다. 이러한 지독한 사건을 완화

하기 위해 아무 노력도 하지 않았다. 그는 자신의 군대를 통제하여 남경의 불행한 시민을 보호할 의무와 권한이 있었다. 이 의무 수행을 게을리 한 것에 대해, 그는 범죄적 책임이 있다고 인정해야 한다.

2년간의 도쿄재판 심리가 끝난 해의 봄, 『아사히신문』(1948년 4월 23일)은 전범재판에 대해 피고 25명의 반수가 사형선고를 받을 것이라는 워싱턴 전문가의 관측을 소개하고 있었다. 그때 마쓰이 이와네에게 사형이 선고될 것이라고는 생각 못하고, 유기금고형 정도로 예측하였다. 전시戰時 중 남경대학살사건(이후 남경사건으로 약칭)의 발생을 알고 있던 일본인은 군부·정부 고위 관계자와 외국 보도를 검열 없이 볼 수 있는 일부로 한정되어 있었다. 도쿄재판의 보도로 처음 알게 된 일반 국민은 실감할 수 없는 사건이었다.

따라서 대부분의 국민은 다른 전범 6명이 동아시아·태평양 지역을 지배하기 위한 침략전쟁 정책의 입안·실행에 참가했다고 하는 '평화에 대한 죄(침략전쟁의 준비·계획·수행)' 등을 묻게 된 것에 비해, 마쓰이 이와네만이 남경사건의 '위반행위 저지태만(잔학행위를 저지하려고 하는 자기 의무에 태만함)'의 죄, 즉 '부작위不作為의 책임'을 물어 교수형을 선고한 것에 대한 의미를 잘 알고 있었다고는 할 수 없다.

게다가 "법정에서 결정된 의사가 포츠담 선언을 수락하고 무조건 항복한 일본에 있어서 행동하기 힘든 권위 또는 의지인 것은 말할 것도 없다. 따라서 우리는 결정된 의사의 관대함과 엄함에 대해 논할 자격이 없고, 또 논할 생각도 없다"(『아사히신문』 1948년 11월 13일, 사설)는 기분 또한 국민의 마음이었다.

덧붙여 말하자면, 당시 대부분의 일본국민은 비참한 전쟁에 의해 가족이나 친척, 친구를 잃고 집·재산이 화재로 초토화된 일본에서 굶주림과 영양실조에 시달리는 생활을 강요당한 패전체험에 의해, 전쟁 피해자였다고 하는 것이 체험적인 역사 실감이었다. 전시 중 엄격한 보도관제와 언론통제에 의해 남경사건과 같은 잔학행위 사실을 알리지 않은 것도 있어, 일본 침략전쟁의 피해자를 생각하며 전쟁 가해문제에 관심을 가진 일본국민은 적었다. 실제로 패전 후의 혼란스러운 사회에서 필사적으로 살아남기 위해 바빴던 당시의 국민에게는 남경사건에 관한 도쿄재판 판결의 시비를 논의, 구명究明할 여유도 조건도 없었다고 해야 할 것이다.

「임신부로 가장하여 배에 쌀 한 말」이라는 표제로 쌀의 암거래를 보도한 기사(『아사히신문』 1947년 3월 12일), 「학교에서 강도 상담 / 중학생 4명이 할머니를 압살」이라는 제목으로 먹거리를 살 돈이 없는 중학생이 아버지의 은사인 미망인이 혼자 살고 있는 것을 노려 강도를 한 전말을 보도한 기사(『아사히신문』 12월 20일), 게다가 「돈이 되지 않는 부업 / 교장이 딸의 결혼 자금이 없어서 도둑질 / 매우 가난한 선생의 내막」(『아사히신문』 12월 27일)이라는 기사가 연일 지면을 메운 상황은 여전히 이어지고 있었다.

그러한 전후戰後 일본사회 국민의 관심과 의식 태도를 반영한 것과 같이 남경사건을 재판한 중국 국방부 전범재판 군사법정 (이후 남경군사법정 또는 남경재판) 에 관한 일본 측의 보도방식이었다.

남경군사법정의 판결

도쿄재판이 A급 전범이라 불리는 침략전쟁의 계획·실행에 관련된 정부·군 수뇌부를 재판한 것에 대해 B, C급 전범(교전법규위반)은 연합국 각국이 주최한 군사재판에서 재판을 받았다. 남경군사법정은 B, C급 전범재판의 하나로써 1946년 2월부터 남경에서 열렸다. 그때 남경학살과 관련하여 4명의 일본군 장교가 사형판결을 받아 1948년 1월까지 4명 모두 남경우화대南京雨花台에서 처형당했다.

남경군사법정에 대해 『아사히신문』을 예로 들면, 그 기간 동안 3번 보도되었을 뿐이었다. 그것도 다음에 소개하는 전문에서처럼 지면을 구석구석까지 읽는 사람이 아니면 못 보고 넘겨버리고 말 듯한, 불과 몇 행의 작은 기사였다.

「이소가이磯谷, 다니谷씨 남경으로」
남경대학살사건의 책임자로 다니 히사오谷寿夫 전 중장과 이소가이 렌스케磯谷廉介 전 중장은 머지않아 상해에서 남경으로 호송되

어 국방부 군사법정에서 재판에 회부된다. 두 전범용의자의 재판
은 남경 도착 후 즉각 개시되어 올해 안에 판결이 내려질 전망이다.
(1946년 5월 10일)

「다니谷 중장에게 사형판결」
남경대학살사건의 주범으로 책임을 지게 된 남경 점령 당시의 제
6사단장 다니 히사오 전 준장은 10일, 국방[부]군사법정에서 사
형 판결을 받았다. (1947년 3월 12일)

「남경학살자에게 사형」
남경대학살사건에서 110명 참수 경쟁을 벌인 전 나카지마中島부
대 소속 소대장 무카이 도시아키向井敏明, 전 부관 노다 쓰요시野田
毅, 거기다 300명을 참수한 다나카 군키치田中軍吉 전 대위의 세 전
범三戰犯은 18일 남경군사 법정에서 각각 사형을 선고받았다. 남
경학살사건의 공범으로서 기소된 다른 자는 특별반증(반증이란
상대방이 제기한 사실 또는 증거를 반박하기 위한 증거)을 제출하는 것
이 가능했지만, 이 세 전범은 반증을 제출할 수 없었다.
(1947년 12월 20일)

남경대학살에 대해 그 이상 깊게 파고드는 것이나 언급을 피하려
는 듯이 최소한의 사실만을 기록한 것이었다. 국민 측도 예를 들어 마

지막 세 전범의 사형선고를 전하는 기사보다도, 같은 면에 「설탕, 연 내 배급되나」라는 약간 큰 표제로 수입 설탕의 입하에 따라 대망의 배급이 가능해진 사실을 전하는 기사 쪽으로 관심이 집중되었던 것 은 상상하기 어렵지 않다.

미공개였던 재판자료

도쿄재판에 있어서 남경사건 현장의 증인들, 예를 들면 로버 트·O·윌슨(금릉대학 부속병원의사), 마이너·S·베이츠(금릉대학 역사학 교수), 존·G·머기(미국 성공회 전도단체 선교사), 허전음許伝音(남경 안전지 대 국제위원회 위원)이 법정에서 상세히 진술하여 운 좋게도 학살을 피 해 살아남은 중국인 피해자들(중국어로는 「幸存者(생존자)」라고 한다)이 법정에 서서 생생한 체험사실을 증언했다. 더욱이 '선서구공서宣誓口 供書'형태로 법정에 제공되어 진술된 피해체험 증언은 방대한 건수에 달한다.

이에 대한 일본 측 반증도 포함하여 도쿄재판에서의 남경사건 관 련 증언기록은 호라 도미오洞富雄편『중일전쟁 남경 대잔학사건 자료 집1 극동 국제군사재판 관계 자료집』(이하『남경사건 도쿄재판 자료』라 칭함)이라고 하는 다수의 자료집이 만들어질 만큼 방대한 것이었다. 하지만 나치 독일을 재판한 뉘른베르크Nuernberg 재판의 판결과 공판

기록(전 42권)이 바로 간행된 것과는 대조적으로 도쿄재판의 판결과 공판기록은 정치적 이유로 인해 간행되지 않았고, 일본에서는 아직까지도 재판의 모든 기록이 출판되지 않았다.

한편 남경군사법정 재판 관계 자료가 간행된 것은 1987년에 출판된 중국 제2역사 보존기록(공문서)관·남경시 보존기록관 편집『침화일군 남경대도살 당안侵華日軍南京大屠殺檔安』이 최초다. 중국에서 공표가 늦었던 것도 중화인민공화국 성립과 국민정부의 타이완 이전移転, 그리고 동아시아 냉전시대 도래와 중국 사회주의혁명의 혼란과 좌절이라고 하는 역사의 격동이 큰 요인이었다.

일본국민 대부분은 도쿄재판과 남경군사법정에 의해 처음으로 남경사건의 존재를 알고, 두 재판에서 전직 군인 5명이 처형될 정도로 잔학한 사건이었음에 일시적으로 큰 충격을 받았다. 그러나 전후 일본국민이 가해 역사를 직시하는 것을 피해왔던 것도 있어, 시대가 흐름에 따라 사건에 대한 관심도 옅어져 국민의 기억 속에서도 차츰 사라져갔다. 그 때문에 일본국민 대부분이 남경사건의 역사사실을 재인식하기 위해 1970년대부터 개시되어 오늘에 이르기까지 계속되는 이른바, '남경대학살 논쟁' 과정을 거칠 수밖에 없었다(자세한 것은 가사하라笠原『아시아 속의 일본군』의「남경대학살과 역사연구」장 참조).

잘못된 남경사건 이미지

도쿄재판과 남경군사법정에서는 무엇이 어떻게 규명되었던 것일까.

도쿄재판에서는 남경사건 부작위 책임에 의해 마쓰이 이와네가 사형을 선고받았으며, 「평화에 대한 죄」로 유죄를 선고받은 히로타 고키広田弘毅(당시 외무대신)가 사건과 관련해서도 유죄판정되어 사형선고를 받았다. 그리고 남경군사법정에서 전술前述한 네 명의 전직 군인이 잔학행위에 책임이 있다고 판정되어 사형당했다.

도쿄재판 판결에서는 다음과 같은 사실인정을 실시했다(요점만 발췌).

1937년 12월 13일 아침, 일본병사는 시내에 군집하여 여러 잔학행위를 범했다. 한 목격자에 따르면 일본병사는 그 도시를 휩쓸고 더럽히기 위해 마치 야만인 무리처럼 방치되었던 것이었다. 병사는 개인으로 혹은 두세 명의 작은 집단으로 온 시내를 돌아다니며 살인·강간·약탈·방화를 저질렀다. 거기엔 아무런 규율도 없었다. 많은 병사가 취해 있었다. 병사들은 그럴만한 도발과 구실이 없음에도 중국인 남녀 아이들을 무차별하게 죽이면서 거리를 돌아다녔다. 종국에는 곳에 따라서 대로에도 피해자의 시체가 널브러져 있을 정도였다. 또 다른 한 증인에 따르면, 중국인은 토끼처럼 사냥당했으며 움직이다 들킨 사람은 누구든 사격당했다. 이들의 무차별적인 살인에 의해 일본 측이 도시를 점령한 최초의 2, 3일 동안 중국인 비전투원 남녀 아이들이 적어도 1만 2천 명이 사망했다.

많은 강간사건이 있었다. 희생자나 그들을 지키려고 하는 가족들이 조금이라도 반항하면 그 벌로 살해했다. 부녀자의 다수는 강간당한 직후 살해됐고, 그 시체는 절단되었다. 점령 후 최초 1개월에 약 2만 건의 강간사건이 시내에서 발생했다. 후일 일본군이 점령한 후 최초의 6주간, 남경과 그 주변에서 살해된 일반인과 포로의 총 수는 어림잡아 20만 이상이었다는 사실이 드러났다. 이들의 추측이 과장이 아닌 것은 매장부대와 그 외 단체가 매장한 사체가 15만 5천 명에 달한 사실에 의해 증명되었다.

(『남경사건 도쿄재판 자료』)

또한, 남경군사법정에서 다니 히사오에게 사형을 선고한 판결서는 다음과 같은 「사실인정」을 실시했다(요점만 발췌).

다니 히사오谷寿夫가 이끄는 제6사단은 12월 13일 아침, 대군을 이끌고 입성, 나카시마中島(제16사단)·우시지마牛島(제18사단)·스에마쓰末松(제114사단) 등의 부대와 남경시 각 지구로 나뉘어 밀고 들어가 대규모 학살을 전개하고 방화·강간·약탈을 저질렀다.

(략)

중화문中華門 밖의 화신묘花神廟·보탑교宝塔橋·석관음石観音·하관下關의 초혜협草鞋峽 등의 장소를 합하면, 붙잡힌 중국군인·민간인을 일본군이 기관총으로 집단사살한 유체遺體를 소각, 증거를 은폐한 것은 단요정單燿亭 등, 19만 명 정도에 달한다. 그 밖에 개별 학살로 유체를 자선단체가 매장한 것이 15만 명 남짓이다. 피해자 총 수는 30만 이상에 달한다. 사체가 대지를 뒤덮어 비참하기 그지없는 상황이었다.

(남경사건조사연구회 편역 『남경사건 자료집2 중국관계 자료편』 이하 『중국관계 자료편』이라 칭함)

위의 판결문은 법정에서의 증언을 토대로 잔학행위를 '사실인정'한 것으로 남경사건의 전체상을 분명히 밝힌 것은 아니었다. 하지만 재판자료가 바로 간행되지 않았던 것, 일본 역사학자나 연구자 측에서도 그 자료들을 검토해 사건의 실태를 해명하고자 하는 관심이 미약했던 것도 있어 도쿄재판이나 남경재판의 법정에서 진술·제출된 방대한 증언자료에 의거한 남경사건의 실상이 해명되지 않았다. 그 때문에 이 판결문 하나만으로 흡사 남경사건의 전체상을 그린 것 같은 오해가 생겼다.

판결문에 기록된 1구역 1시기의 각각 잔학사건의 증언이 마치 전체상인 것처럼 이해된 남경사건 이미지는 남경대학살 사실을 부정하는 사람들에 의해 강조되어 증폭되었다. 최근에는 자민당 역사·검토위원회의 가사하라 준이치笠原潤— 참의원 의원이 "남경에 간 당시 병사들에게 물어봐도 그런 일은 있을 리 없다고. 20만 명이나 살해했다면 시체가 첩첩이 쌓여 남경성 안에서 굴러다닐 거예요"(〈자민당〉역사·검토위원회 편『대동아전쟁 총괄』)라고 발언한 것이 그 좋은 예다.

'나무를 보고 숲을 보지 못하다'라는 속담이 있다. 남경사건 현장에 있었던 장병이나 저널리스트, 외국인 및 피해자인 중국인들은 각각의 학살현장 = '나무'는 목격할 수 있어도 전체인 남경대학살 = '숲'은 아무도 목격하지 못했다. 도쿄재판이나 남경군사법정에서 진술된 '증언'도 결국에는 각각 학살사례 = '나무'의 실재를 증명한 것이다. 재판은 다수의 '나무' 실재를 밝힌다면 그것으로 '전쟁범죄'가 입증된 것이며, 반드시 '숲'의 전체상을 해명할 필요는 없다. 도쿄재판의 판결문은 범죄의 '사실인정'과 형벌의 '경중인정'으로 역사학적인 사건의 전체상을 해명한 것은 아니다.

남경사건의 전체상 = '숲'은 역사학 연구방법에 의한 개별학살 사례 = '나무'를 검증하면서 마치 퍼즐을 완성시키듯이, 종합적으로 구성하여 처음으로 밝혀지게 된 것이다. 개별 역사사실에 입각하여 사건의 전체상이 구성되고, 서술되고, 그것이 이해되어 비로소 정확한 남경사건의 역사 인식이 형성된다.

이 책에서는 도쿄재판이나 남경군사법정의 「판결문」과는 다른 「역사서」로, 남경사건의 원인과 경과 및 전체적인 서술을 시도했다.

그리고 이후 일본국민의 남경사건 인식, 전쟁 인식의 바람직한 자세를 묻는 의미에서 세계사 속에 자리매김한 그 역사적 의미를 검토해 보고 싶다.

이 책에 문헌자료를 인용할 때, 읽기 쉽도록 가타카나는 히라가나로, 구 가나 표기법은 새로운 가나 표기법으로, 옛 한자는 현대 한자로, 정식 표기법이 아닌 한자는 히라가나로 하는 등 표기를 고쳤다. 또, 원문에서 영문 / 중문으로 아직 번역되지 않은 것은 가사하라의 번역이다.

Ⅰ 남경 도양폭격의 충격

남경 등, 도시 폭격에 대한 미국의 풍자화.
뒷좌석은 외무성이고 "SO SORRY"라고 쓰인
전단지를 뿌리고 있다(『뉴욕타임스』 소재所載).

▌1937년(쇼와12년) ▌

7월	7일 북경 교외의 노구교蘆溝橋에서 중일 양군 충돌(중일전면전 시작). 11일 현지에서 정전협정 성립. 정부, 화북 파병을 성명(「중대결의성명」). 12일 해군 군령부, 「대중국작전 계획방안」을 작성. 28일 일본군, 화북에서 총공격 개시.
8월	13일 상해에서 중일 양군 교전 개시(제2차 상해사변). 15일 수상 고노에 후미마로近衛文麿 「남경정부 단고응징 성명」 발표. 　　일본 해군 기계, 남경을 도양폭격. 상해파견군을 편조編組(사령관 마쓰이 이와네). 29일 남경 주재 구미 5개국의 외교대표, 남경공습에 항의하며 폭격 중단을 요구하는 항의서를 일본에 제출함.
9월	4일 제72회 제국의회 개최(~8일). 항공전력 보비補備 예산이 인정됨. 5일 수상 고노에 후미마로 제국의회의 시정방침 연설에서 중국에 대하여 큰 타격을 주기 위해 국민정신 총동원을 호소함. 7일 육군참모 본부, 작전과장 무토 아키라武藤章의 주장에 따라 상해전에 병력 증강을 결정, 이후 작전의 중심이 화북에서 상해공략전으로 이행함. 10일 상해 공대기지에 제2연합 항공대 이주. 14일 일본해군, 남경공습부대를 편성하고 반복공격 하령(19일부터 본격적인 공격을 시작함). 28일 국제연맹 총회에서 일본의 중국 도시폭격 비난결의를 채택. 　　참모본부 제1부장 이시와라 간지石原莞爾 관동군 참모 부장으로 전출.
10월	5일 미국 대통령 루즈벨트 「격리연설隔離演說」을 실시 28일 육군성, 상해전에서 이길 시에는 군사행동을 중지하고 정전과 평화를 목표로 하는 성명안을 작성.
11월	3일 벨기에 브뤼셀에서 9개국 조약 회의 개최(~24일). 5일 제10군 항주만에 상륙. 7일 중지나방면군의 '편합'이 발령(사령관 마쓰이 이와네). 13일 제16사단, 백묘구白卯口에 상륙. 상해 중국군의 철수·궤주가 시작됨(같은 달 중순, 일본군이 상해를 제압). 15일 제10군 막료회의 독단으로 추격전을 행하기로 결정. 20일 궁중宮中에 대본영 설치. 군민 정부, 중경重慶 이전을 선포한다.
12월	1일 대본영, 남경공략을 정식으로 하령.

1. 선전포고 없이 수도 폭격

남경·1937년 8월 15일

    1937년 8월 15일 남경의 동지나해에는 태풍이 몰고 온 비구름이 상공에 낮게 깔려, 성밖 동쪽에 우뚝 솟아 있는 유명한 자금산紫金山(해발 480미터)을 덮은 검은 구름의 움직임이 심상치 않았다. 전월 7일의 노구교사건과 이틀 전의 제2차 상해사변(상해전 또는 상해공략전으로 약칭) 발발을 계기로 본격화된 중일전면 전쟁의 전운이 중국의 수도까지 이른 것을 알리는 듯한 먹구름이었다. 열대 고기압이 가져온 고온, 고습도의 공기가 남경시민의 기분을 불안하고 불쾌하게 했다.

    그날 오전, 남경을 떠나 최후의 남경 주재 일본대사관원과 일본인 거류민단원이 하관下関의 부두에서 기선으로 장강長江을 지나, 건너편 포구에서 진포津浦(천진天津－포구浦口)선을 타고 청도青島로 향해 출발했다. 인양한 일본인에 대해 중국민중이 위해를 가할 것을 우려한 중국 국민정부는 특별열차를 준비하여 헌병 40명이 호위하고, 외교부 장교 두 명을 수행시켜 불상사의 발생을 막았다(쇼지 도쿠지庄司得二『남경일본거류민지』).

일본인 일행이 보호를 받으며 포구역에 도착했지만 떠난 지 불과 3시간 남짓 지난 오후 2시 50분경에, 점심식사와 낮잠을 끝내고 오후에 직장으로 돌아온 직후 남경시민들은 갑자기 울리는 공습경보 사이렌 소리와, 비구름에 덮인 남경의 하늘 위를 뒤흔들며 울려 퍼지는 폭격기의 포효에 금세 공포와 혼란에 빠졌다.

떠들썩하게 외치는 소리가 도시를 뒤덮은 가운데, 시민들이 유아와 노인을 데리고 밖으로 뛰쳐나와 급하게 만들어진 근처 방공호로 뛰어 들어갔다.

낮게 드리운 먹구름을 뚫고 계속 비행기 모습을 드러낸 일본 해군기 20기는 약 500미터의 저고도에서 시내 여러 곳에 폭탄을 투하하기 시작했다. 성밖 남쪽 대교장大校場 비행장(군용), 성내의 명고궁明故宮 비행장(민간기용), 대행궁大行宮, 제1공원, 신가구新街口 등, 군사 시설 주변과 그 주변의 인구밀집지역에 잇달아 60킬로그램 육용陸用 폭탄이 투하되어 곳곳에 불기둥과 초연硝煙이 올랐다.

도심 관청가에 있는 사법 법원건물에는 비행기에서 기관총 발사가 더해져 수 명이 부상을 당했다. 남경시립도서관에도 폭탄이 투하되어 장서 모두 피해를 입었다. 또한 중앙연구원 생물연구소의 도서관이 폭격을 받아 화재, 장서 3만권과 생물표본이 소실되었다(「일본

침화전쟁 대 중국도서관 사업파괴日本侵華戰爭對中國圖書館事業破壞」).

  폭격은 대략 40분에 걸쳐 계속되었고 군인과 시민 사상자 수십 명
이 희생되었다. 북경 교외에서 시작된 전투도, 상해로 번져간 전화도,
아직 원뢰遠雷라고 생각하고 있던 남경시민도 8월 15일부터 일거에
중일전면전의 전화戰禍에 노출되게 되었다. 그리고 그날에 남경사건
에 이르는 남경시민 수난 역사의 막이 열리게 되었다.

「세계전사 공전世界戰史空前의 도양폭격渡洋爆擊」

  남경을 폭격한 것은 해군 기사라즈木便津 항공대의 신예기=96식
육상공격기 20기였다. 그날 오전 9시 10분, 나가사키 오무라大村 기지
를 발진한 폭격기대는 동지나해를 횡단하며 태풍에 의한 악천후를
견디며 남경까지 해상 약 600킬로미터를 포함해 960킬로미터를 4시
간 비상, '남경 도양폭격'을 감행한 것이다.

  『도쿄아사히신문』은 그날 호외를 발행, 「일본 해군기 멀리 남경
으로 / 공군 근거지를 폭격하다 / 적에게 막대한 손해를 주다」라는 큰
제목으로, "일본 해군기는 멀리 남경을 습격, 오후 2시부터 3회에 걸
쳐 남경부근 지나 공군기지에 큰 손해를 입혔다"고 전과를 보도했다.

  또한 다음날 신문은 「악천후의 지나해를 비행, 적의 본거지 공습」
이라고 옆단에 큰 제목으로, 「장구長驅, 남경南京, 남창南昌을 급습 / 적
공군의 주력 분쇄 / 용맹한 우리의 해군기」, 「수도 남경을 진감하고 /

장렬히 대공중전을 전개 / 공전의 성과를 올리고 귀환」이라는 세로 다섯 단의 큰 제목으로 남경 도양폭격을 대대적으로 보도했다.

해군성은 이것을 「세계 항공전 사상초유의 대공습」이라 선전하고, 「바다의 용감한 비행사」라 불리는 해군항공대의 전력에 대해 국민들에게 좋은 인상을 주기 위해 최대한 이용했다. 잡지 『히노데日の出』(신조사)는 「세계 전사공전의 도양폭격」이라는 제목으로 "큰 폭풍우 속에서 감행된 남경공습은 미증유의 성과와 수많은 미담을 가져오고, '도양폭격'이란 이름으로 우리 해군항공대의 명성을 급격히 높인 것이다"라고 찬양했다(1938년 신년 특별호 부록 『육군·해 대공폭 전기』).

대일본 웅변회 고단사講談社가 소년용으로 편집, 발행한 『지나사변·소년 전쟁 이야기 시리즈』의 다카키 요시카타高木義賢 『남경성 총공격』은 「맹활약 중인 해군항공대」라는 제목으로 이렇게 기록했다.

남경총공격에 잊지 말아야 할 것이 있습니다. 그것은 이 일본에 항거하는 지나의 수도 응징(적을 완전히 응징한다)을 위한 첫 포탄을 발사한 후, 끊임없이 귀신같은 대활약을 펼쳐 전 세계 사람들을 놀라게 하고 있는 무적 바다의 용감한 독수리, 우리 해군항공대입니다.

8월 15일. 지나해는 723밀리미터에 이르는 저기압으로 남경은 한창 대폭풍의 시기입니다. 요 전날, 어디서 왔는지도 모르게 날아온 일본 비행기 한 대가 상해부근에서 날뛰던 것을 알고 있던 적도 설마하고 방심하던 그때, 오전 9시 30분경(오후 2시 30분경의 실수) 갑자기 사이렌이 요란하게 울려 퍼지며, "비행기 공습이다. 공습이다!"

무엇보다 놀란 것은 설마 남경까지는 날아오지 않겠지 하고 방심하던 시민들로, 그 당황한 모습은 뭐라 말할 수가 없었습니다. 두더지처럼 방공호 속으로 도망쳐 숨는 것보다 빠르게, 낮게 드리워진 폭풍구름을 뚫고 한 대 또 한 대, 한 부대 또 한 부대 모습을 드러낸 것은 은빛 비행기에 일장기 마크를 붙인 무적 해군의 용감한 독수리부대였습니다.

선두의 1기가 성문 기와에 거의 닿을 정도로 대교大校 비행장 건물을 향해 훌륭하게 급강하를 하자마자 잽싸게 폭탄을 떨어뜨렸습니다.

'콰앙!' 하고 하늘에 울려 퍼지는 큰 폭발음! 순식간에 격납고가 산산조각으로 날아가 버렸습니다.

이것이야말로 영원히 역사에 남는 첫 포탄, 남경을 향해 발사한 우리의 최초 공격의 효시였습니다.

우리의 용감한 독수리부대는 폭풍 한가운데의 지나해를 보기 좋게 가로질러 먼 일본 기지에서 날아간 이른바 도양폭격대입니다.

교전법을 위반한 남경 도양폭격

전시 국제법에 「개전에 관한 협약」(1907년 헤이그에서 체결, 일본은 1912년에 비준을 걸쳐 공포公布, 중국도 당사국)이 있고, "체약국은 이유를 붙인 개전선언의 형식 또는 조건부 개전선언을 포함한 최후 통첩형식을 갖춘 명료한 사전통보 없이는 상호간 전쟁을 개시할 수 없다"고 규정하고 있었다. 일본 해군항공대가 선전포고도 하지 않은 중국의 수도 남경을 갑자기 도양폭격한 것은 이 "개전에 관한 조약"을 위반한 행위였다.

더욱이 「육전 법규관례에 관한 조약」(1907년에 헤이그에서 체결, 일본은 1912년에 비준을 거쳐 공포, 중국도 당사국. 이하 헤이그 육전조약으로 표기)은 조약부속서 "육전 법규관례에 관한 규칙"에서 "제25조 (방수防守할 수 없는 도시 공격) 방수할 수 없는 도시, 촌락, 주택 또는 건물은 어떤 수단에 의해서도 이를 공격 또는 포격할 수 없다"고 비무장 도시 폭격을 금지하고 있었다. 일본 해군기의 남경폭격은 비전투원을 살상한 것과 비무장지역에 폭탄 투하를 행한 것으로 이 법도 위반한 것이다.

해군도 점점 늑대가 되어가다

8월 15일 남경 도양폭격은 제2차 상해사변이 발발하기 전날(8월 12일), 해군군령부 총장으로부터 중국파견 제3함대(사령장관 하세가와 기요시長谷川淸 중장)에게 내려진 "적이 공격해온다면 기회를 놓치지 말고 적의 항공 병력을 격파해야만 한다"(대본영 해군부 명령 제12호)에 따른 것이었다. 8월 13일 저녁에 상해전의 전쟁 시작을 기다렸다는 듯이 같은 날 새벽, 남경 도양폭격 명령이 내려졌지만, 다음 날인 14일은 동지나해에 정체하던 태풍 때문에 폭격기가 나가사키 오무라 기지를 출격하지 못하고 대만의 타이베이 기지에서 발진 가능했던 제3공습부대 중 18기가 악천후를 무릅쓰고 항주杭州와 광덕廣德을 공습했다.

하지만 8월15일 단계에서는 일본의 군중앙과 정부는 아직 불확대방침을 채택, 전쟁이 아니라며 '북지사변(北支事變, 후에 지나사변)'이란 호칭을 일부러 사용, 화북華北 및 상해에서 국지적인 해결을 모색하고 있었다. 상해전 때문에 8월 15일 상해파견군(군사령관 마쓰이 이와네 대장)이 '편조編組'되었지만, '편조'라는 것은 이 파견군의 임무가 상해지구에 있는 일본인 거류민 보호에 한정된 작은 범위의 일시적 파견이며 순수한 작전군이 아니라는 뜻이었다. 통수권을 가진 천황의 명령에 의한 '전투서열'이란 정식용어를 일부러 피한 것이다. 상해파견군인 병사도 정예현역병을 보내지 않고 전력이나 규율이 열등한 예비역·후비역 병사를 소집하여 파견했다. 참모본부가 아직 전국戰國 불확대방침으로 바라고 있었던 것의 발로이다.

군중앙은 육군과 해군의 중앙 통괄기관을 합한 총칭. 육군중앙

통괄기관(육군중앙이라 약칭)에서는 참모본부가 육군의 통수(작전·지휘·동원)에 관해 육군성이 내각조직 중의 한 기관으로 육군군정에 관한 총괄을 맡았다. 해군중앙통괄기관(해군중앙이라 약칭)에서는 군령부가 해군의 통수(작전·용병)에 관해 해군성이 내각조직중의 한 기관으로써 해군군정에 관한 총괄을 했다.

1937년 당시의 병역제도에 의하면, 남자는 만 20세에 징병검사를 받아 현역으로 군대생활을 하는 것이 2년간, 재영在營이 끝나면 다시 5년 4개월의 예비역, 그 후에 10년 동안 후비역後備役 병사로 복무해야 했다. 후비역 병사는 20세 후반에서 30대 후반으로 체력저하는 물론 대부분이 처자가 있는 가정생활을 지탱하던 상황에서의 출정이었기에 전장에서도 미래에 대한 염려가 많은 계층이고, 사기도 저하되었다.

한편 육군 현역장교는 육군사관 졸업생만으로 한정되어 있었기 때문에 현역장교가 극단적으로 부족했다. 젊은 현역장교는 나이가 많은 병사를 부하로서 통솔하지 못하고, 예비역 장교는 너무 나이 들어 실전 지휘능력이 떨어졌다.

(후지와라 아키라藤原彰『남경의 일본군』)

아직 중국과의 전면 전쟁작전을 생각하지 않던 일본 군중앙 및 정부는 8월 14, 15일에 수도폭격을 강행해야 할 이유는 없었다. 남경 도양폭격은 해군 측의 전략의도로 강행된 것이다.

1936년 8월 해군은 그때까지 '제국 국방방침帝國國防方針'이 육군의 전략에 의거해 소련을 주 적국으로 생각하는 '북진론'이었던 것을 미국, 영국을 가상 적국으로 생각하는 '남진론'을 받아들여 '남북병진론南北並進論'으로 개정시키는 것에 성공했다. 이때 해군성 해군차관으로 '제국 국방방침'의 개정에 동분서주하던 자가 제3함대 사령장관이 되어 노구교사건 이후 해군의 중일 전면 전쟁작전을 지휘한 하세가와 기요시 중장이었다.

해군은 36년 중일 전면 전쟁작전계획을 작성해 임전태세臨戰態勢를 다지고, 노구교사건을 기회로 삼아 상해공략전을 시작으로 중국 전역의 도시공습과 중국 연안을 해상 봉쇄했다. 또한 중국 해군기지 공격 등 적극적으로 전면작전을 전개, 해군의 실적을 국민에게 과시함으로써 거액의 임시 군사비를 얻어 해군 군비대확장 계획의 실현을 꾀하려 했다. 남경 도양폭격도 이미 전년도에 계획·준비되어 있었던 것이다. 그렇지 않았다면 제2차 상해사변 발발과 동시에 결행하는 것은 불가능했다.

한편 해군 내부에서는 해군 군비확장을 둘러싸고 '전함주병戰艦主兵·함대결전사상艦隊決戰思想', '대함거포주의大艦巨砲主義'를 견지하는 해군 주류와 새로운 항공전력의 개발·확충을 중시하고 '항공주병航空主兵·전함무용론戰艦無用論'을 제기하는 해군 항공 관계자 간의 격렬한 대립이 있었다. 후자의 이론적·기술적으로 실전적 지주가 야마모토 이소로쿠山本五十六 중장이었다. 야마모토는 해군항공본부 기술부장 시절(1930~1932년) 항공전력을 항공모함 등의 함대부속물의 존재로부터 독립시키고 육상기지에서 발진시켜 적의 함대를 공격할 수 있는 새로운 항공 병력을 확충하기 위해 지상 발진의 장거리 대형 폭격기 개발을 구상하였다. 그리고 항공본부장 시절(1935~1936년)에 육상기지에서 적의 함대를 공격하기 위한 폭격기·전투기 개발을 촉진시켰다. 1936년 12월에 해군성 해군차관의 요직을 맡게 된 야마모토는 "남진론"을 근거로 대미對美 항공결전을 상정한 해군 항공전력의 개발, 항공 군비 강화, 비행부대 확충에 주력한 것이었다.

1936년의 '제국 국방방침'에 '남진론'을 병기시킨 해군은 '국책의 기준'에 미해군에 대항할 수 있는 해군군비의 확대를 결정하고, 거기서 대미전對美戰을 대비한 항공전력의 개발·확충이 급선무인 것을 강조했다. '남진론'의 전략 사상은 "중국의 보고寶庫를 둘러싼 일본과 미국의 각축전은 이윽고 태평양을 무대로 한 미일 양 해군의 일대 쟁투전으로 이끌었다. 그 때문에 대미전을 목표로 군비를 강화하여 남진 태세를 굳히는 것이 필요하게 되었다. 그 첫 번째 단계로 중국 전 국토, 특히 영미英美의 권익과 세력이 집중되는 화중華中·화남華南에 있어 일본해군의 제공권, 제해권을 성립하는 것이 급하게 되었다"는 것이었다.

그해 야마모토가 계발을 촉진시킨 육상기지에서 적의 함대를 공격하기 위한 공격기를 미쓰비시三菱 중공업에서 완성, 96식 육상공격기라 명명하였다. 1936년이 황기皇紀(『일본서기日本書紀』에 기록한 덴무천황神武天皇이 즉위한 해를 원년으로 하는 기원)의 기원 2596년에 해당하는 것에서, 앞의 두 자를 빼고 96식이라는 이름을 붙인 것이다(덧붙여 세계적으로도 유명해진 영전零戰〈영식함상전투기零式艦上戰鬪機〉는 1940년 = 황기 기원 2600년에 개발되었기 때문에 붙여진 이름이다). 96식 육상공격기는 탑승원 5명, 최고속도 370킬로미터, 항속거리 4천 380킬로미터로 당시에는 세계적 우수기로 일본이 남양제도에 항공기지를 건설하면 대미對美 해상작전에 커다란 위력을 발휘할 것이라 여겨졌다(야마다 아키라山田朗『군비확장의 근대사』).

야마모토는 제1항공전대사령관(1932년 위임) 시절에 "융통성 없는 철포옥鉄砲屋(해군의 속어로 포술관계자를 이르는 말)의 생각을 바꾸기 위해서는 항공이 실적을 보여주는 것 이외는 방법이 없다"고 말한 적이 있다. 해군 차관이 된 야마모토에게 중일 전면전쟁의 개시는 "항공실적을 보여"줄 수 있는 절호의 기회가 찾아온 것이었다.

이러한 해군의 동향에서 왜 해군항공대가 8월 15일에 남경 도양폭격을 강행했는지를 설명할 수 있다. 첫째는 야마모토 이소로쿠의 구상에 근거하여 대미항공전을 위해 개발한 96식 육상공격전을 빨리 실전에 사용하여 그 성능을 테스트해 보고 싶었던 것, 그 다음은 대미전의 주요 전략으로 계획된 "지상기지발진의 신항공병력의 선제 기습공격으로 전장의 제공권을 확보한다"고 하는 항공용병의 연구를 중국공군을 상대로 실전연습해보고 싶었던 것, 그리고 또 다른 하나는 야마모토 이소로쿠 등 해군내부의 항공주병론자航空主兵論者가 항공의 실적을 보여줌으로써 군부·국민에게 항공전력의 필요성을 인식시켜 국가예산에서 항공전력 확대를 위해 군사비를 크게 증액시키는 구실로 삼으려고 했던 것이다.

당시의 외무성 동아국장인 이시이 이타로石射猪太郎는 "호전적으로 흥분한 해군중앙의 움직임에 직면하여 해군도 점점 포악해져 간다"고 8월 13일의 일기에 적고 있다(『이시이 이타로 일기』).

육군중앙이나 정부가 전면 전쟁화를 피하고 사변의 국지해결·평화해결을 모색하는 단계에서 해군은 군령부 '대지나작전 계획내안'(1937년 7월 12일, 즉 노구교사건이 현지에서 중일 양군의 정전협정이 성립된 다음 날 책정)에 의거해 중국의 제공권, 제해권을 장악하기 위해 전면전쟁을 전개하고, 육상의 전선제한을 애매하게 하여 결국은 육군 및 정부와 국민을 대중국 전면전쟁에 끌어들이는 견인차 역할을 했다.

해군항공대의 남경 도양폭격의 성공은 군부와 정부·국민사이에 중국의 수도 남경의 점령이 용이한 것 같은 낙관론을 낳았다. 일찍이 '바다의 용감한 독수리부대'의 '항일의 수도 남경'으로의 '응징의 일격'에 대한 대중매체와 국민의 열광과 지지는 남경정부와의 평화해결을 생각하고 있던 육군중앙의 불확대파(참모본부 제1부장 이시하라 간지石原莞爾 소장, 육군성군사국 군무과장 시바야마 겐시로柴山兼四朗 대령 등)의 위신과 영향력을 꺾는 역할을 해 남경정부의 굴복을 외치는 확대파가 주류를 차지하는 형세를 만들었다.

2. 해군항공대의 남경 전략폭격

야간공습의 공포

8월 15일의 남경 도양폭격은 「공전의 전과戰果를 세우고 귀환」이라고 신문에 보도되었지만, 기사라즈木更津 항공대도 해군 비장의 항공 병력이었던 96식 육상공격기를 4기 격퇴당해 4조의 탑승원을 잃고 6기가 포탄에 맞아 수리가 필요하게 되어 작전 불가능상태가 되는 큰 손해를 냈다. 중국 측의 방공력을 경시하여 전투기의 호위가 없는 상태에서 출격한 것과 악천후 속 대낮에 저고도로 폭격을 강행했던 것이 원인이었다(『전사총서戰史叢書·중국방면 해군 작전 1』 이하 『중국방면 해군작전』이라 표기).

해군항공대는 그 후 도양폭격을 중국 전투기의 추격을 받지 않는 야간공습으로 변경하여 낮에 실행할 경우에는 지상에서의 대공 포화를 피하기 위해 고도 3천 미터 이상부터인 고고도폭격을 하기로 했다.

남경 야간공습은 거의 매일 밤 감행되었다. 상해에서 발행되는 신문『신보申報』에 의하면, 예를 들어 8월 27일의 경우 오전 1시 40분, 2시 20분, 4시 즈음 한밤중부터 새벽까지 3번의 공습이 있었다. 국민정부의 위생서衛生署, 중앙대학 실험중학교, 강소성립江蘇省立 제3병원, 시 남부의 빈민가에도 폭탄이 떨어져 시내 3곳에 화재가 발생, 약 100명의 주민이 사망했다. 그 중의 절반은 소사燒死에 의한 것이었다(『신보申報』 1937년 8월 28일).

매일 밤 이어진 공습은 남경시민을 괴롭혔다. 저녁식사 후 해 질녘, 한밤중인 12시, 깊은 잠에 들려고 하는 심야의 오전 2시, 거기에 이른 새벽 4시와 정기적으로 습격해 오는 일본해군기의 폭격에 남경시민들은 자다가 봉변을 당했다. 야간공습의 공포는 폭격기의 폭음만 들릴 뿐 그 모습은 보이지 않아 언제 자기가 있는 곳에 폭탄이 떨어질지 모른다는 것이었다. 폭격기의 폭음과 공습경보 사이렌이 울려 퍼지는 가운데 곳곳에 폭탄이 투하되어 폭발의 굉음과 함께 각지에 불길이 번져나가는 것을 본 시민들의 공포를 가중시켰다.

야간공습의 또 하나의 공포는 일본군이 독가스탄을 투하하는 것에 대한 두려움이었다(「윌슨 문서」). 독가스탄 투하를 걱정하여 공습경보 발령과 함께 창문을 완전히 닫아두어야만 했던 것은 시민들에게 육체적으로나 생리적으로 고통을 주었다. 전형적인 대륙성 기후인 남경의 여름은 한증막처럼 덥다. 때로는 40도를 넘는 열대야에도 공습경보가 해제될 때까지 창문을 닫아두어야만 했다.

8월 29일에는 남경 주재 미국, 영국, 독일, 프랑스, 이탈리아의 5개국 외교대표가 남경공습에 항의하며 폭격행위의 중지를 요구하는 항의서를 일본에 제출했다.

어떤 나라의 정치적 수도, 특히 전쟁상태가 아닌 나라의 수도를 향한 폭격에 대해서 인간성과 국제적 예양禮讓에 관한 배려를 필요로 하는 억제에 대해서, 일본 측 당국에 적당한 배려를 촉구해야 한다. (략)

군사적 목표를 내세웠음에도 불구하고 폭격은 실제로 교육이나 재산의 무차별적인 파괴 및 민간인 사상과 고통스러운 죽음으로 이어진다.

(남경사건 조사연구회 편역『남경사건 자료집1 미국관계 자료편』. 이하『미국관계 자료편』으로 표기)

일본이 선전포고도 하지 않은 중국의 남경을 폭격하고 비전투원을 살해한 것은 인간성과 국제도의에 어긋나는 행위라고 강하게 비난한 것이다.

그러나 남경시민들의 고통이나 국제적 비난을 뒷전으로 한 하세가와 기요시 제3함대 사령장관은 "남경정부 동요하여 오지로의 이동 정보 있으니 더욱 철저한 남경공습 요함"이라고 지시했다(『중국방면 해군작전』).

해군항공대에 의한 남경 도양폭격은 상해전을 국지전으로 해결하려고 했던 참모본부의 작전을 훨씬 뛰어넘어 해군이 이미 남경정부를 '응징'하고 '굴복'시키기 위한 전면작전을 전개했다는 것을 의미한다. '남경정부 동요'라고 되어 있듯이 매일 밤 일어나는 야간공습의 공포에 견디지 못하게 된 남경시민들의 탈출이 시작되었다. 먼저 미국인이나 영국인, 독일인 등의 외국인 몇백 명이 남경에서 피란했고, 뒤이어 8월 말까지 부유한 가정사람들이 먼 친척이나 인척 등 여러 연고를 의지해 남경에서 피란했다. 잔류한 사람은 이동을 위한 교통수단도, 돈도, 갈 곳도 없는 가난한 사람들과 정부관계의 공무 형편상 떠날 수 없는 사람들이었다. 후에 남경 안전지대 국제위원회의 위원장이 된 지멘스사 남경지사 지배인이었던 독일인 존·H·D·라베(55세)는 "남경의 인구는 제가 7월에 출발했을 땐 약 135만 명이었습니다. 8월 중순에 있었던 폭격 이후로 그 중 수십만 명이 마을을 떠났습니다"라고 기록하고 있다.

(「남경사건·라베보고서」)

남경공습의 장거壯舉를 결행하다

1년 전에 해군중앙이 건설을 계획한 상해공대上海公大 비행장의 건설·정비가 간신히 완공되어, 1937년 9월 10일에는 제2연합 항공대(사령관 미쓰나미 데이조三波貞三 대령, 제12·제13 항공대로 편성)가 이주해 왔다. 이로써 상해의 항공기지를 이용하여 본격적인 기지항공부대를 편성하고 폭격기에 전투기, 정찰기의 호위를 붙여 대낮에 남경공습을 실시할 수 있게 되었다. 해군부내 항공주병론의 급선봉이었던 해군항공본부 교육부장 오니시 다키지로大西瀧次郎 대령은 1937년 7월에 발표한『항공군비에 관한 연구』에서 대륙이나 해상에서도 사용할 수 있는 대항속력大航続力을 가진 항공기로 공습부대를 편성하고, "육지에 있어서는 정치적 견지보다 적국 정치경제의 중추도시를, 또한 전략적 견지보다 군수공장의 중추를, 그리고 항공 전술적 견지보다 적 순정敵純正 공군기지를 공습한다"는 작전의 전략적 유효성을 설명하고 있다(야마다『군비확장의 근대사』). 항공 병력을 종래의 함대작전지원 전력에서 독립된 타격적 군사력으로 사용하는 이른바「전략폭격의 사상」이다.

제72회 제국회의(9월 4~8일 개최)에서 해군의 예상대로 도양폭격 전투실적으로 큰 액수의 항공전력 보비예산이 인정되었다. 항공 공세론攻勢論에 나선 해군 항공본부의 장교들은 더욱 기세 등등하여 오니시가 주장하는 기지 항공 병력에 의한 중국의 중추도시, 군수공장, 비행장, 군사시설에 대한 전략폭격을 본격적으로 감행하기로 결정했다.

9월 14일, 하세가와 제3함대 사령장관은 미쓰나미 대령을 지휘관으로 하는 남경공습부대의 편성을 명하고, 남경 반복공격을 하명했다. 대규모 남경공습 공격의 개시에 앞서 미쓰나미 대령은 상해 공대 비행장에 "남경공습의 장거를 결행하기에 앞서 각급 지휘관에게 훈시"를 행했지만, 그곳에서 남경공습 전략목표는 수도의 항전력을 폭격·파괴하고 민중의 항전의지를 파멸시켜 국민정부를 전면 항복시키는 것에 있다고 말한다.

이 9월 중순 단계에서 참모본부는 상해파견군의 임무를 상해 점령에 한정하고, 그 후 11월 5일에 항주만杭州灣에 상륙한 제10군을 합병한 중지나방면군에 대해서도 내륙에 침공하지 않도록 진출 제령선을 설정한 것을 보면, 해군은 훨씬 전에 그 한정을 넘어 남경정부의 굴복과 중국국민의 패배를 목표로 하는 중일 전면전쟁을 발동하고 있었던 것이다.

남경공습에 앞서 제2연합 항공대 참모로부터도 "폭격은 반드시 목표에 직격할 필요는 없으며 적의 인심에 공황을 야기하는 것을 주안점으로 삼고, 적의 방어포화를 고려하여 투하점을 고도 2~3천 미터 부근으로 선정하고, 첫 번째 접근에 투하를 완료하기 위해 힘쓰도록"이라는 「남경공습부대 제공대의 전투요령에 관한 희망사항」이 통달되었다(『해군 제13항공대 전투상보』). 오폭을 해도 상관없다는 것은 그만큼 민가에도 위해가 미친다는 것을 의미했다.

9월 19일, 총 45기로 이루어진 남경공습부대는 상해 공대비행장을 날아가 제2차 공격을 감행, 남경 상공에서 중국기와 공중전을 전개, 일본 측은 4기를 잃었지만 중국기 33기를 격추하고 하루만에 남경제공권을 기본적으로 획득했다. 그 후부터는 전략폭격으로 이행하여 비행장, 정부건물, 대학, 병원, 방송국, 철도역, 수도국, 전력발전소

등 남경 성 내외의 주요지역을 망라하고 모두 폭격했다. 남경공습부대에 의한 폭격은 9월 25일 제11차까지 행해졌고 총 291기가 참가하했다. 투하한 폭탄 수는 총 355발, 중량 32.3톤에 달하고 남경시민의 희생도 늘어갔다. 9월 23일, 두 번째 남경폭격에 습격한 15기의 공습부대는 성벽 북측의 하관下關역 일대를 폭격하고 수천 명이 피란해 있던 난민수용소에도 폭탄을 투하했다. 일본군의 상해공략전으로 집을 잃은 사람들이 전화를 피해 멀리 남경까지 피란해 있던 중에 폭격당해 희생된 것이다. 사망자는 100명 이상에 이르렀다(『신보』 1937년 9월 23일). 그 참상을 로이터 통신사의 L·C·스미스 기자는 다음과 같이 보고했다.

> 폭격 후에 하관下關의 난민수용소에 가보니 그 광경은 눈 뜨고 볼 수 없었고 현장에는 희생자의 산산 조각난 유해가 서로 뒤엉킨 채, 꽤 광범위하게 흩어져 있었다. 다수의 난민이 살고 있던 오두막은 폭격으로 불에 타고 있었다.
> (호라 도미오洞富雄 편『중일전쟁 남경대잔학사건 자료집2 영문자료편』
> 이하『영문 자료편』으로 표기)

9월 25일은 오전 9시 30분부터 오후 4시 30분까지 다섯 번의 파상공격波狀攻擊이 있었고 일반시민의 사상자는 600명에 달했다. 그날 점심식사 후 공습의 틈을 타 수술을 위해 고루鼓樓병원(미국의 기독교 전도단이 운영하는 금릉대학 부속병원)으로 출근하려던 로버트·O·윌슨 의

사(30세)는 가난한 민가가 폭격으로 파괴되어 있는 것을 몇 채 보았다. 그 중 기둥에 가슴이 짓눌려 즉사한 남성이 보였다. 또 방공호 입구에는 폭탄으로 육체가 갈기갈기 찢긴 유해가 쓰러져 있었다. 병원에 도착하기 전에 또 공습경보가 울려 퍼지고 일본군기가 머리 위에 나타났기 때문에 그는 당황하여 차폐물遮蔽物로 몸을 숨기고 도망쳐 자택으로 돌아왔다. 그 직후에 남경시내에 비처럼 폭탄이 투하되었다.

공습경보가 해제된 오후 5시, 윌슨 의사는 폭격이 있었던 국립중앙병원의 호출을 받고 나갔다. 철근 4층짜리 근대적 빌딩에 최신 의료설비를 갖춘 병원은 옥상에 페인트로 크게 적십자 마크와 한자로 "중앙병원"이라고 적혀 있음에도 불구하고 공격의 목표물이 되어 20개 남짓의 폭탄이 투하되었다. 그 때문에 전기공이 1명 사망, 직원 5명이 부상했다. 그날 폭격에 의해 중앙병원은 병원으로서의 기능이 마비되어 버렸기 때문에, 긴급조치로 일부 환자를 윌슨 의사의 고루병원으로 옮기도록 요청받았던 것이었다.

(「윌슨 문서」)

일본을 세계에서 고립시킨 해군

남경공습과 마찬가지로 일본 해군항공대에 의한 도시 무차별폭격은 상해·한구漢口·항주杭州·남창南昌·광주廣州·하문廈門 등의 여러 도시에 행해졌고, 10월 중순까지 화중華中·화남華南의 대중소도시 60개소 이상이 폭격의 피해를 보았다. 게다가 월한粵漢 철도나 그 밖의 철도, 역, 열차, 다리 등이 공격받아 파괴되었다. 이들 비무장 도시의 폭격이 당시 일본도 가맹되어 있던 헤이그 육전조약에 위반되는 행위였던 것은 말할 것도 없다.

일본해군기에 의한 남경과 그 외 도시 폭격으로 민간인이 살해된 것에 대해서는 미국이나 영국 등 구미제국에 일찍이 보도되었다. 남경공습의 참상도 남경에서 취재 중이었던 해외 신문기자들과 뉴스영상 카메라맨 등에 의해 세계에 보도되었다. 이시이 이타로石射猪太郎 외무성 동아東亞국장이 "일본 신문은 이제 틀렸다"고 일기(10월 4일)에 한탄했듯이, 일본 신문만이 여러 도시 공습의 위법성·잔학성을 보도하지 않고 "전과戰果"만을 크게 전하고 있었다.

상해전과 남경공습 때 일본 해군기가 도망치려고 우왕좌왕하는 수천 명의 시민들에게 폭탄을 투하하는 광경과 일본군이 집을 태워 폭탄과 포탄에 희생된 많은 시민, 부녀자의 참상이 보도사진이나 뉴스영상, 잡지, 팸플릿을 통해 세계인에게 알려져 비전투원을 끌어들인 일본군의 만행에 대한 비난의 목소리가 높아지게 되었다.

일본 해군기에 의한 무방비 도시폭격에 대해 세계의 비난이 높아지는 가운데, 영국은 국제연맹에 일본의 군사행동을 비난하는 결의안을 제출하고 9월 28일 연맹총회에서 「여러 도시폭격에 대한 국제연맹의 대일對日 비난결의」를 만장일치로 채택했다(일본은 1933년에 국제연맹을 탈퇴).

일본 항공기에 의한 지나支那의 무방비 도시 공중폭격 문제를 긴급 고려하여, 이러한 폭격의 결과로써 다수의 자녀를 포함한 무고한 인민에게 행해진 생명의 손해에 매우 깊은 조의를 표한다. 또한 전 세계에 공포와 의분의 마음을 생기게 한 행동에 대해서는 조금도 변명의 여지가 없음을 선언하고, 여기에 위의 행동을 엄숙히 비난한다.

(일본 외무성편 『일본 외교연표 병주요 문서』下)

10월 5일, 미국 대통령 루즈벨트는 시카고에서 침략국을 전염병에 비유해 국제사회의 건강을 지키기 위해 격리해야 한다고 하는 유명한 「격리연설」을 했다.

선전포고도 경고도, 또한 정당한 이유도 없이 부녀자를 포함한 일반시민이 공중폭격에 의해 가차 없이 살육당하고 있는 전율할 만한 상태가 나타나고 있다. 이러한 호전적好戰的 경향이 점차 타

국에 만연할 위험이 있다. 그들은 평화를 애호하는 국민의 공동
행동에 의해 격리되어야한다.

(『전사총서·지나사변 육군작전1』 이하, 『지나사변 육군작전』으로 표기)

국명國名은 지명되지 않았지만 일본해군에 의한 남경공습 및 다른
무방비 도시에 대한 폭격이 비난받고 있는 것은 분명하다.

이러한 일본해군기의 중국 도시에의 전략폭격에 대한 국제비판
의 고조를 우려해, 이시이 이타로는 "세계는 지금 일본을 향해 온갖
말로 비난을 퍼붓고 있다. 그것은 그다지 놀랄 만한 일이 아니지만,
우려할 것은 일본 자체의 무반성이다"라고 일기(10월 7일)에 적었다.

남경공략전의 전초전

벨기에의 브뤼셀에서 개최된 9개국 조약회의(11월 3~24일)에서 국
제조약 위반국 일본에 대한 제재조치가 검토되었지만, 일본의 중국
침략에 대해 경고선언을 하는 것만으로 끝나 일본군부의 강경파에
힘을 실어주었다. 특히 해군의 군비확대주의자 사이에서 "영미米英,
그다지 무서워할 필요 없다"라는 증장增長 의식이 강해졌다.

9개국 조약은 1922년 2월 워싱턴 회의에서 미국·영국·프랑스·

이탈리아·네덜란드·벨기에·포르투갈·중국·일본의 9개국에 의해 조인된 중국에 관한 조약, 중국의 주권·독립과 그 영토적·행정적 보전의 존중 및 각국의 중국에 관한 문호개방·기회균등 등을 규정했다. 일본의 중국 침략전쟁은 이 조약에도 위반되는 것이었다.

국제연맹으로부터 이미 탈퇴, 런던해군 군축회의에서도 탈퇴하여(1936년 1월) 국제적으로 고립되었던 당시의 일본은 세계로부터의 대일비난이 경제제재나 무력제재를 수반하지 않는 평화적·도의적인 것에 한해서는, 전혀 귀를 기울이지 않는 국정이 되어 있었다.

격렬한 국제여론의 비판에도 불구하고 해군항공대의 남경공습은 더욱 심해져 갔다. 해군항공본부 교육부장인 오니시 다키지로 대령은 11월 15일의 경제단체에서의 강연에서 남경공습의 전과戰果에 대해 "남경에 대해 얼마나 공습을 했느냐고 묻는다면, 공습 횟수 26회로 비행기 총 기수는 600기, 투하폭탄은 약 300톤입니다"라고 자랑스럽게 말하고 있다(마에다 노리오 『전략폭격의 사상』).

하지만 남경시민에 있어서는 폭탄이 투하될 때마다 생명·재산이 위협당하는 것을 의미한다. 남경시장 마초준馬超俊이 국민정부행정원에 보고한 「일본군기의 공습에 의한 본시本市의 손해 상황조사」(11월 4일 부)에 의하면, 8월 15일부터 10월 15일까지의 2달 동안 65회의 공습이 있었고 피해는 남경 성구城區의 전 구역에 걸쳐, 시민(군인을 포함하지 않은) 392명이 사망, 438명이 부상, 파괴된 가옥은 1천 949칸(대략 700~800호)에 달했다(『침화일군 남경대도살 당안』).

일본해군의 기록에 의하면 8월 15일의 도양폭격으로 시작하여 11월 13일의 중지나방면군의 남경 점령에 이르기까지 해공항공대의 남경공습은 50여회에 달하고 참가 총 기수는 900여기, 투하폭탄은 수백톤에 달했다(해군성 해군 군사보급부「지나사변에서의 제국해군의 행동」).

남경시민은 이틀 반에 한 번의 비율로 공습을 받은 계산이 나온다. 연일의 공습에 의해 100여만 인구에 이르는 국민정부의 신건설수도의 정치·경체·생활 기능은 마비되었고, 무엇보다도 시민의 안전과 생명이 위험에 계속 노출되어 있었다. 이 때문에 남경시민의 대다수는 부유한 계층부터 순서대로 먼 곳으로 피란했다. 11월 20일, 국민정부가 수도 남경을 포기하고 중경重慶으로 천도할 것을 선포하고 실질적인 수도 기능의 역할을 하는 한구漢口로 정부·군 기관·교육·경제시설 등이 속속 이전해갔다. 남경은 방위군을 제외하고 40~50만의 시민·난민만이 잔류하는 '죽음의 거리'가 되어갔다.

전략폭격의 초기 이론가 이탈리아의 줄리오·도에 육군소장이 『제공권론制空權論』(1921년 출판)에서 제기한 "공군으로 공격하고 지상에서 방어〔공략〕한다"고 하는 새로운 전략이론을 일본의 해군은 세계에 앞장서 중일 전면전쟁에 적용하여, 새로운 항공전력론으로써 그 운용방법을 실전 연구했다고 할 수 있다. 즉 제1차 선제기습 도양폭격에 의해 남경의 항공병력과 시설 파괴, 제2차에 항공결전을 실

시해 남경의 제공권을 확보, 제3차에 기지항공병력으로(12월 3일부터
는 남경까지 약 140킬로미터의 상주常州에 해군 항공기지가 열렸다) 남경에
대한 전략폭격을 연속감행, 중국 수도의 물질적·정신적 항전력을 파
괴, "적의 전의를 소멸"시키고 최후에 중지나방면군이 육상에서 전면
공격을 실시하여 공략·점령한다는 단계를 따르는 전략이다. 이러한
전략폭격론에 입각하면 해군항공대에 의한 남경폭격은 중지나방면
군의 남경공략전의 전초전을 수행한 것이며, 이를테면 중국 주요도
시의 폭격은 육군의 중국전역 침공작전의 전초전으로서의 전략을 맡
았다고 할 수 있다. 게다가 그것은 참모본부가 아직 남경공략전에 반
대하고 있던 단계에서 행해졌다.

II 상해파견군, 독단하여 남경으로 향하다

일본병사의 짐을 나르는 중국인. 당시 일본병사에 협력하는 민중으로
전해졌지만, 사실은 징용당한 것이었다. 마이니치신문사 제공

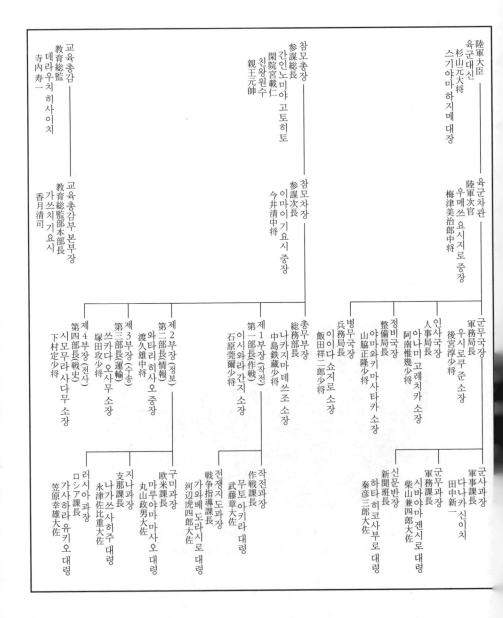

陸軍大臣
육군대신
스기야마 하지메 대장
杉山元大将

- 陸軍次官 육군차관 우메쓰 요시지로 중장 梅津美治郎中将
  - 軍務局長 군무국장 우시로쿠 준 소장 後宮淳少将
    - 軍事課長 군사과장 다나카 신이치 田中新一
    - 軍務課長 군무과장 시바야마 겐시로 대령 柴山兼四郎大佐
    - 新聞班長 신문반장 하타 히코사부로 대령 秦彦三郎大佐
  - 人事局長 인사국장 아나미 고레치카 소장 阿南惟幾少将
  - 整備局長 정비국장 야마와키 마사타카 소장 山脇正隆少将
  - 兵務局長 병무국장 이이다 쇼지로 소장 飯田祥二郎少将

参謀総長
참모총장
간인노미야 고토히토 친왕원수
閑院宮載仁親王元帥

- 参謀次長 참모차장 이마이 기요시 중장 今井清中将
  - 第1部長(작전) 이시와라 간지 소장 石原莞爾少将
    - 作戦課長 작전과장 무토 아키라 대령 武藤章大佐
    - 戦争指導課長 전쟁지도과장 가와베 도라시로 대령 河辺虎四郎大佐
  - 総務部長 총무부장 나카지마 데쓰조 소장 中島鉄蔵少将
  - 第2部長(정보) 와타리 히사오 중장 渡久雄中将
    - 欧米課長 구미과장 마루야마 마사오 대령 丸山政男大佐
    - 支那課長 지나과장 나가쓰 사히주 대령 永津佐比重大佐
    - ロシア課長 러시아과장 가사하라 유키오 대령 笠原幸雄大佐
  - 第3部長(운륜) 쓰카다 오사무 소장 塚田攻少将
  - 第4部長(전사) 시모무라 사다무 소장 下村定少将

教育総監
교육총감
데라우치 히사이치
寺内寿一

- 教育総監部本部長 교육총감부 본부장 가쓰키 기요시 香月清司

1. 하극상의 육군

이시하라 간지와 무토 아키라의 충돌

해군과는 대조적으로 육군은 작전계획과 동원준비도 불충분한 채 임기응변식으로 조금씩 전면전쟁에 돌입했다. 그것은 노구교사건을 계기로 육군중앙에 불확대파와 확대파의 심각한 대립이 생겨 후자가 전자를 몰아내면서 점차 작전의 주도권을 잡아가게 되었기 때문이다. 그 경위를 불확대파의 중심이었던 참모본부 제1(작전)부장 이시하라 간지 소장과 확대파의 선봉이었던 같은 부의 작전과장 무토 아키라 대령의 움직임에 초점을 맞추어 살펴보도록 하겠다. 무토 대령은 도쿄재판에서 수마트라·마닐라 잔학사건의 책임을 지고 교수형을 당한 인물이다.

참모본부는 천황이 갖는 통수(군을 통솔해 지휘, 운용함) 대권을 보좌하는 육군중앙 통괄기관에서 육군에 관한 최고작전지도 기관이었다.

노구교사건이 발생했을 때의 참모총장은 간인노미야 고토히토신노閑院宮載仁親王 원수로 사실상 통괄책임을 가진 참모차장 이마이 기요시今井清 중장은 병으로 결근 중이었다. 그 때문에 제1부장 이시하라 간지 소장이 차장을 대행하는 입장에 있었다. 덧붙이자면 제2부(정보)부장 와타리 히사오渡久雄 중장은 병으로 휴양 중으로 제3부(운수)부장 쓰카다 오사무塚田攻 소장, 제4부(전사戰史)부장 시모무라 사다무下村定 소장은 확대파였다. 무토 아키라 대령은 2·26사건을 처리했을 때의 민완함이 이시하라 부장에게 인정받아, 통수부의 최고 중요 직위인 제1부 작전과장으로 발탁된 것이었다(1937년 3월).

노구교사건의 첫 보고가 7월 8일에 도착했을 때 참모본부와 육군성에 두 가지 반응이 일어났다. 참모본부 제1부 전쟁지도과장 가와베 도라시로河辺虎四郎 대령에게 육군성 군무국 과장 시바야마 겐시로柴山兼四郎 대령으로부터 "성가신 일이 생겼다"고 하는 전화가 있었고, 무토 작전과장은 "유쾌한 일이 일어났다"고 전화로 말했다. 가와베 본인은 불확대파였다(「가와베 도라시로 소장 회상응답록」).

이시하라 간지는 '사건 불확대, 현지 해결'의 방침을 세워 각 부장을 설득해 동의를 얻고, 와병중의 이마이 참모차장을 대신해 간인노미야 참모총장의 결재를 받아 참모본부의 불확대 방침을 결정지었다. 이시하라가 군부·정부의 수뇌에 대해 불확대 방침을 견지하도록 설득에 나선 논리는 다음과 같은 것이었다.

바로 지금 만주국満州国 건설 완성에 전념하고 대 소련 군비를 완성해 이것에 의해 국방의 안고安固를 도모하지 않으면 안 될 시기에, 만약 지나에 손을 대어 이 계획을 지리멸렬하게 해서는 안 된다. 지금 지나는 옛날의 지나가 아니라, 국민당의 혁명이 성취되어 국가가 통일되고 국민의 국가의식은 각성하고 있다. 중일 전면전쟁이 된다면 지나는 광대한 영토를 이용하여 대 지구전에 돌입함으로써 일본의 힘으로는 굴복시킬 수 없다. 일본은 수렁에 빠진 꼴이 되어 움직일 수 없게 된다. 일본의 국력도 군사력도 지금 빈약하다. 일본은 당분간 절대로 전쟁을 피하고 국력·군사력의 증대를 도모해 국방국책의 완수를 기약하는 것이 필요하다.

(『군무국장 무토 아키라 회상록』)

이것에 대해 통례라면 상관의 결정에 따라 자신의 생각을 바꾸거나 철회해야 하는 입장에 있던 무토 작전과장은 그러한 태도를 취하지 않았다. 이시하라 제1부장에 정면으로 대항하여 확대 방침을 강경하게 주장했다. 무토의 확대론은 육군중앙 중견층의 다수파를 대표하는 것이었지만, 다음과 같은 생각을 하고 있었다.

지나는 통일 불가능한 분열적 약국으로 일본이 강경한 태도를 내보이면 즉시 굴종한다. 이때 지나를 굴복시켜 대체로 북지나 5성北支五省을 일본의 세력 하에 넣어 만주와 더불어 대 소련 전략태세를 강화하는 것이 필요하다. 노구교사건은 그것을 실현하기 위해 더 바랄 나위 없는 좋은 기회의 도래를 나타내는 것이다.

이 사건은 낙관을 허용하지 않는다. 이것에 대처하기 위해서는 힘을 기르는 것 이외에 다른 방법은 없다. 거기에는 북지나에 병력을 증파하여 상황에 따라서는 기회를 잃지 않고 일격을 더한다. 이것에 의해서만이 시국을 수습할 수 있는 것이다.

(『군무국장 무토 아키라 회상록』)

화북華北으로의 내지사단內地師団의 동원파병 및 무력행사의 결정을 요구하는 무토 아키라와 불확대 방침을 견지해서 증파를 억제하고 있었던 이시하라 간지 사이에 격론이 일어났다. 부장실에서 두 사람이 서로 크게 소리치며, 결국에는 이시하라가 "자네가 그만두든지, 내가 그만두든지 어느 한쪽이 그만두어야 한다"고 날카로운 목소리로 다투는 소리가 들리는 날도 있었다고 한다(『군무국장 무토 아키라 회상록』).

이때는 이시하라가 확대파에 의해 잘리고, 참모본부는 내지 3개 사단의 화북파견과 지나 주둔군의 무력행사를 지시, 겨우 노구교사건의 현지 정전협정이 성립했음에도 불구하고 '지나사변'은 단번에 화북으로 확대되었다. 이시하라는 그 후에도 북지나사변의 조기수습을 목표로 분주했지만, 육군부내에 확대파의 하극상 풍조가 강해 참모본부 내부를 정리할 수도 없었다. 일찍이 관동군 참모(작전주임) 시절, 중앙·상층의 통제를 무시하고 모략으로 유조호사건柳条湖事件을 일으켜서 만주사변을 주도하고 그것이 성공을 거둠으로써 상을 받고 중앙요직으로 영전한 이시하라 간지가 그 자신의 행위에 의해 결정적으로 조장된 육군의 통제 이완, 소위 하극상의 풍조에 직면하는 아이러니한 보복을 당한 것이다(에구치 게이치江口圭-『신판·15년 전쟁 소사』).

만주사변 발발시의 참모본부 작전과장으로, 관동군의 독주에 고생한 경험이 있는 이마무라 히토시今村均는 회고록에서 "인과는 돌아가는 물레방아와 같다"라며 다음과 같은 일화를 소개하고 있다. 1936년, 관동군이 중앙의 의도에 반하여 진행하고 있던 내몽고內蒙古공작을 제지하기 위해 출장 온 이시하라 간지 작전부장이 관동군의 제멋대로인 행동을 힐난하자, 당시 관동군 참모 무토 아키라 대령은 "우리는(만주사변 때의) 당신 행동을 보고 배워 그대로 내몽고에서 실행한 겁니다"라고 대답했다. 그렇게 말하자마자 다른 청년 참모들이 입을 모아 대소했다는 것이다. 더욱이 이마무라今村는 이시하라石原와 이타가키 세이시로板垣征四郎 등의 '출세이야기'가 다수의 육군중앙의 참모장교나 외지의 각 군 막료 다수 사이에 "군인의 제1의무는 큰 공을 세우는 것에 있다. 공만 세우면 어떤 하극상의 행위를 범해도 곧 그것으로 인정받아 그것을 억제하려고 한 상관은 쫓겨나고 통제 불복종자가 그 일로 오히려 통제자가 될 수 있는 것이다"라고 하는 군기문란의 기운을 조성했다고 기록하고 있다(후지와라藤原『남경의 일본군』).

무토 아키라를 전형典型으로 독단적인 전행을 문제 삼지 않는 하극상의 야심을 가진 중견 막료들이 확대파의 주력이었다.

상해파견군과 마쓰이 이와네의 야심

이시와라 간지가 "이번 상해 출병은 해군이 육군을 끌어갔다고 해도 무방하다고 생각한다. 나는 상해에 절대로 출병하고 싶지 않았지만 실은 이전에 해군과 출병하기로 한 협정이 있었기 때문이었다"고 회상하듯이(「이시하라 간지 중장 회상응답록」), 제2차 상해사변은 군령부와 제3함대가 면밀히 작전준비를 하고 개시한 것이었다(가사하라 『중일 전면전쟁과 해군』 참조).

참모본부는 군령부와 참모본부가 「화북작전에 관한 육해군 협정」(1937년 7월11일)의 "제국 거류민의 보호를 필요로 하는 경우에 있어서는 청도青島 및 상해 부근에 한해서 육해군의 소요병력이 협동하여 그 상황에 대응한다"에 의해 8월 15일에 제3사단과 제11사단으로 된 상해파견군의 '편조'라며 상해로 파병을 명령했다(23쪽 참조). '협정'에 근거하여 상해지구의 일본인 거류민 보호라는 한정된 임무를 맡은 소규모 병력의 파견이었다. 상해파견군 사령관에 임명된 마쓰이 이와네 대장에게 주어진 임무는 "상해파견군 사령관은 해군과 협력하여 상해 부근의 적을 소멸, 상해 및 북방지구의 요선을 점령, 제국신민을 보호해야 한다"(임참명臨參命 제73호)고 한정되어 있었다(『남경전사 자료집』).

그러나 마쓰이는 이 명령을 묵수할 생각은 처음부터 없었다. 8월 18일, 육군대신 관저에서 열린 3장관(참모총장·육군대신·교육총감)의 송별회 인사에서 마쓰이는 상해파견군의 한정된 명령에 대한 불만을 표명하고 육군을 증파하여 남경공략까지 시행해야 한다고 말하였다. 마쓰이의 의견개진에 대하여 참모본부 총무부장 나카지마 데쓰조中島鉄蔵 소장이 상해파견군 참모장 이이누마 마모루飯沼守 소장에게 "작전명령과 칙어는 절차가 같고, 칙어도 작전명령과 같으며, 작전명령도 칙어와 같은 것으로 이를 비판할 정도로 불근신한 사람이기 때문에 잘 말해두라"고 주의를 집중하였다(「이이누마 마모루 일기」).

더욱이 같은 날, 마쓰이는 참모본부 수뇌(차장, 총무부장, 제1·제2부장)와의 회합에서도 "국민정부가 존재하는 한 해결할 수 없다.…장개석蔣介石의 하야, 국민정부를 몰락시켜야만 하고…결말을 어떻게 내려야 하는가의 의논이 있어도, 본래 남경을 목표로 하여 이참에 단연코 감행해야 한다. 그 방법은 대략 5, 6사단으로 구성해 선전 포고하여 당당하게 하는 것을 허락한다. 짧은 시일에 남경을 공략한다…장개석은 남경을 공략하면 하야해야 한다"고 사령관으로서 중국에 전면전쟁을 선포하고 5, 6사단의 군대로 남경국민정부를 패퇴시키는 결의까지 기술하고 있다. 마쓰이는 남경을 함락시키면 중국은 굴복할 것이라고 안이하게 생각해 국민정부를 붕괴시킨 후, 신정권을 수립하기 위해서 "외교관계도 군사령관의 통치 하에 두어 작전을 용이하게 하며, 더 나아가 섭외사항까지 군사령관의 권한으로 한다"는 것까지 기술하고 있다. 마쓰이에게 있어서는 상해 거류민의 보호 등은 문제 삼지 않고, 일본군의 '최고사령관'으로서 국민정부를 타도하고 모략선전기관을 설치하여 '만주국 정부'와 같은 신정부수립의 공작을 행하고 싶다는 것이다.

이에 대해 이시하라 제1부장은 "개인적으로는 길어지면 전체 형세가 위험할 것이라 생각한다"며 우려를 표명하고, 참모차장 다다 하야오多田駿 중장(8월 14일 취임)도 "남경공략의 착상은…구체적으로 연구하면 더욱 곤란해진다"며 완곡하게 반대했을 뿐이었다. 분명한 명령위반을 언명한 마쓰이 사령관에게 충고하여 통제에 따르도록 엄중하게 주의하는 것도 하지 않았다(「이이누마 마모루 일기」).

마쓰이는 8월 19일에 도쿄역을 출발할 때에도 배웅 나왔던 스기야마杉山 전 육군대신에게 "어떻게든 남경까지 진격해야만 한다"고 역설하였다(고노에 후미마로『잃어버린 정치』).

후에 일본정부와 군부수뇌는 남경국민정부와의 화평을 조기에 실현하고, 전국을 종결시키기 위해 주화駐華 독일대사 트라우트만Trautman에게 중개를 의뢰해 장개석과의 화평교섭을 본격적으로 추진하였다(트라우트만 화평공작). 그러나 마쓰이 사령관은 국민정부와의 화평교섭 등은 염두에도 두지 않고 끝내 참모본부의 통제를 무시하고 상해파견군을 독단으로 남경공략으로 향하게 한 것이다.

브뤼셀회의에서의 대일 경제제재 가능성과 현지군의 통제되지 않는 전선 확대에 의한 전쟁의 전면화와 장기화를 염려한 정부와 군부수뇌는 10월 초순부터 일본 측의 정전조건을 작성, 독일 외무성과 주화 독일대사 트라우트만에게 알선을 의뢰하여 본격적인 교섭을 개시하지만, 최종적으로는 일본군의 남경 점령에 환혹幻惑되어 고노에近衛 내각은 1938년 1월 15일 화평교섭의 중단을 결정, 중일 전면전쟁은 헤어나기 힘들 정도로 장기화되었다.

마쓰이 이와네는 육군사관학교 제9기 졸업생이었다. 9기부터는 육군대장이 5명이나 선출되었다. 마쓰이 이와네松井石根, 아라키 사다오荒木貞夫, 마사키 진자부로真崎甚三郎, 혼조 시게루本庄繁, 아베 노부유키阿部信行 등 5명으로, 마쓰이는 육군사관학교를 차석으로 졸업하였고 육군대학교를 수석으로 졸업하여 수재라고 불렸다. 그럼에도 불구하고, 동기 대장 중에서 출세가 가장 늦어 현역에서 물러나 예비역이 되는 것은 가장 빨랐다. 이때는 갑작스런 중일 전면전쟁의 개시로 현역 대장의 수가 부족하였기 때문에 소집되어 현역으로 복귀해 사령관에 임명된 것이다.

마쓰이는 만 59세로 육군 최고 노장대장으로 군공을 세울 최후의 기회가 도래한 것이다. 마쓰이 사령관의 야심을 알면서 육군수뇌가 명령·임무의 엄수를 마쓰이에게 확약시키지 않은 것은 그가 육군 최고 노장이라 조심했기 때문이라고 할 수 있으나, 이때 전쟁지도자의 무책임한 대응이 남경사건을 불러일으킨 요인의 하나가 된다(에구치 게이이치 「상해전과 남경 진격전」).

고노에 수상과 '지나 응징'

남경사건의 또 하나의 요인으로, 중일전쟁은 '지나 응징'을 위한 전쟁이라는 의식이 군대는 물론 국민에게도 침투해 있던 적이 있었다. '지나 응징'을 전쟁목적으로 내걸고 국민의 전의고양을 부채질하며 거국일치의 국민정신 총동원을 호소했던 사람이 고노에 후미마로 近衛文麿 수상이었다.

고노에 후미마로는 그해 6월 4일, 45세라는 젊은 나이에 내각을 조직, 그 장신의 용태에 어울리는 청신함이 기대되어 고노에 내각이 출현한 때의 국민적 인기는 굉장했다. 그러나 실태를 참모본부 전쟁지도과장 가와베 도라시로河辺虎四郎 대령은 다음과 같이 회상하고 있다.

고노에 수상, 히로타 외상 등, 당시는 군에 아첨하는 정부입니다. 무슨 일이든 "군은 어떻게 생각하고 있는가"라며 걱정하는 아주 용기 없는 정부였기 때문에 군에 물어보고 일을 결정하는 식으로, 정치적으로 모든 책임을 지고 싸우든 싸우지 않든 국가 대국의 착안으로 해보려는 의식이 없었던 것으로 생각합니다.

(「가와베 도라시로 소장 회상응답록」)

이시이 이타로는 더욱 분명하게 "일본은 지금이야말로 대단히 중요한 시기인데, 이런 남자를 수상으로 모시다니 너무 운이 나쁘다고 할 수밖에 없다. 이를 따르는 각료들은 모두 약졸弱卒로 일본에 화를 불러올 것이다"라고 일기(8월 20일)에 썼다.

고노에 수상은 육군중앙과 정부, 그리고 천황도 불확대방침으로 전국의 조기해결을 모색하고 있던 단계였음에도 불구하고, 몇 번인가의 정부성명을 통해 대외적(특히 중국에 대해)·국내적 상황을 전쟁확대로 이끌어가는 결정적인 역할을 했다.

우선 처음이 중국 측의 무력항일에 대해 반성을 촉구하기 위하여 중대결의를 가지고 화북에 파병한다고 한 「중대결의성명」(7월 11일). 다음으로 지나군의 '포악함'을 응징하고 더욱 남경정부의 반성을 촉구하기 위해 단호한 조치를 취한다고 하는 「남경정부 단고 응징성명」(8월 15일). 그리고 단호하게 적극적으로 지나군에 대하여 전면적인 일대타격을 주기 위해 거국일치의 국민정신 총동원을 호소한 국회에서의 시정방침연설(9월 5일) 등이 그것이다.

고노에는 결국 "전쟁 그 자체는 원하지 않지만 아무튼 국방국가를 만드는 것도, 산업 확충을 하는 것도 지금 이대로라면 정부도 국민도 쉽게 따라오지 않을 것이다. 그러니 전쟁이라도 시작하여―현실에 전쟁이라도 하면 국민도 어쩔 수 없이 따라온다. 그것을 위해 이 전쟁을 한다면 좋지 않은가"라고 하는 군부 확대파의 생각에 따라 (「가와베 도라시로 소장 회상응답록」) 국민을 전시체제에 총동원시키는 국가지도자의 역할을 연기한 것이다.

그러한 고노에 수상을 이시이 이타로는 "고노에 수상의 의회원고를 보았다. 군부로부터 강요당한 것임에 틀림없다. 지나를 응징한다고 한다. 배일, 항일을 그만두게 하기 위해서는 마지막까지 밀어붙이지 않으면 안 된다고 한다. 그는 일본을 어디로 이끌고 가겠다는 것인가. 어처구니없는 비상시의 수상이다. 그는 부적합하다"라고 일기에서 날카롭게 비판하고 있다(8월 31일).

고노에 수상이 목청껏 외친 '지나 응징'이라고 하는 슬로건은 군부에 의해 중일 전면전쟁의 목적으로 내세워졌지만, 이 정도로 제멋대로 해석할 수 있는 불명확한 전쟁 목적은 없다. 이것이 정부, 군중앙, 게다가 현지 군 고급지휘관들에게 제멋대로 해석되어 중일전쟁의 목표는 끊임없이 확대되어 불확대의 틀을 엄수하는 것이 곤란해졌다. 참모본부의 통제에 따르지 않고 상해파견군이 독단전행으로 남경공략전을 개시하고 있던 것을 대중매체나 국민이 열광하여 지지한 것은 그 때문에서였다.

이시하라 부장 "마침내 내쫓기다"

상해공략전은 무토 아키라 등 확대파가 낙관적으로 생각하고 있던 것처럼 강력한 일격을 가하면 중국은 간단하게 굴복하고, 일본의 요구를 국민정부가 받아들여 사변이 일거에 해결될 것 같지 않았다.

장개석은 제1차 상해사변(1932년)이 상해나 중화中華에서 많은 이권을 갖는 영미 등 열강의 압력으로 정전협정이 이루어진 것처럼 이번 제2차 상해사변에서도 미국이나 영국의 간섭을 끌어내어 정전에 이르게 하는 것, 혹은 국제연맹 가맹국이나 9개국 조약 가맹국에 의한 대일 군사·경제 제재를 끌어낼 것을 기대하여 상해방위군에게 최대세력을 집중시켰다. 더구나 장개석은 국민정부의 정예부대 대부분을 투입하였다. 게다가 독일로부터 파견된 군사 고문단(단장 폴켄하우젠Falkenhausen)이 독일제 무기로 무장하고 독일 육군식으로 훈련된 정예부대에게 시가전, 진지전의 전술과 기술을 직접 지도했다. 또한 상해시민의 지원도 얻어 중국군 장병의 항전 사기는 높아졌다(가사하라 「남경방위군과 중국군」).

긴급하게 동원되어 상해전에 투입된 상해파견군은 중국군의 거센 저항을 받아 전과를 확대하지 못한 채 전투는 장기화되었다. 상해전의 고전은 중국의 항전력을 경시한 확대파의 일격론—擊論이 빗나갔다는 것을 벌써 드러낸 것이었다. 반대로 일본의 군부·정부 그리고 국민 사이에는 중국의 저항을 '모일侮日(일본을 업신여김)', '난폭한 지나'로 보고, 더욱 강한 일격을 가해 중국을 굴복시키자고 하는 강경론이 대세를 차지하게 되어 불확대파는 군부 내외에서 고립되어갔다.

그래도 중화中華로의 전선확대에 반대했던 이시하라 간지 작전부장은 천황이 전후에 "2개 사단의 병력으로는 상해에서 비참한 일을 겪을 것이라고 생각했기 때문에 나는 활발하게 병력의 증가를 촉구했지만, 이시하라 역시 소련이 두려워 만족할 만한 병력을 보내지 못한다"고 말하고 있듯이 상해전으로의 증병을 승인하려 하지 않았다(『쇼와 천황 독백록昭和天皇獨自錄·데라사키 히데나리 어용괘일기寺崎英成御用掛日記』).

이것에 대해 무토 아키라 작전과장 등은 이시하라의 반대를 무릅쓰고 9월 7일 대만군으로부터 긴급 동원부대의 상해파견과 화북에서 후비後備 보병 10대대의 상해로의 전용, 9월 11일 제9·제13·제101 사단 및 유력 포병부대의 상해파견을 단행할 것을 참모본부에 무리하게 요구했다. 상해전으로의 병력 증강에 대해서는 천황의 의사와 지도도 강하게 작용하고 있었다고 볼 수 있다(후지와라 『남경의 일본군』).

이것을 기회로 참모본부 작전의 중점이 화북에서 상해공략전으로 옮겨가게 되었지만, 그 때문에 불확대를 주장하고 있던 이시하라 부장은 경질당해 관동군 참모부장으로 전출되었다(9월 28일). 이시하라 간지는 가와베 도라시로 과장 등 불확대파 부원이 많은 전쟁지도과에 전임 인사차 왔을 때에 "마침내 내쫓겼다"라고 말하고 떠나갔다. 이시하라 부장의 퇴출에는 무토 작전과장의 역할이 컸다고 알려졌다(『군무국장 무토 아키라 회상록』).

2. 군기 퇴폐한 군대를 남경공략으로

중지나방면군에 출항한 무토 아키라

이시하라 간지의 후임 참모본부 제1부장에는 무토 아키라와 같은 확대파의 시모무라 사다무下村定 소장이 제4부장으로 임명되었다. 이 인사에 의해 참모본부는 상해공략전으로 작전의 중점을 옮기는 것이 가능해졌다. 그러나 중국군의 저항은 완강하여 상해파견군은 3개 사단 반의 증원을 얻었음에도 불구하고, 전선은 더욱 교착되어 고전이 이어졌다. 11월 8일까지 상해파견군은 전사, 전상 합쳐서 4만 명 이상의 손해를 입고 거기에다 전병자戰病者도 늘어 대부분의 지도관과 병사의 과반수가 보충으로 교대하는 상황이었다.

교착된 전국 타개를 고려한 무토 작전과장은 항주만杭州灣에 한 부대를 상륙시켜 배후에서 중국군을 공격하는 작전을 고안하고, 시모무라 제1부장의 내락을 받아 북지나방면군으로 날아가 화북에서 상해로의 병력 추출을 설득했다. 그 결과, 항주만 상륙을 위한 제10군 (군사령관 야나가와 헤이스케柳川平助 중장, 제6·제18·제114 사단장과 제5사단의 구니사키国崎 지대로 이루어짐)이 편성되었다. 합쳐서 제16사단을 화북으로부터 전용하며, 상해파견군에 증가하기로 했다.

11월 5일, 제10군이 항주만에 상륙, 배후를 찔린 상해방위 중국군의 동요가 일어났고, 11월 13일 제16사단이 장강長江의 백묘구白茆口 (상해 북서 약 75킬로미터)에 상륙하자 중국군의 철퇴와 궤주가 시작되었다. 이윽고 총 붕괴되어 상해공략전은 일단락되었다.

11월 7일, 상해파견군과 제10군을 함께 지도하기 위해서 중지나방면군의 '편합'이 발령되고 마쓰이 대장이 방면군 사령관을 겸임하도록 명해졌다. '편합'은 천황이 명령하는 정식 군 편성인 '전투 서열'이 아닌 임시편성의 의미이다. 방면군의 임무도 '상해 부근의 적 소멸'에 한정되어 있었다. 참모본부는 "중지나방면군의 작전지역은 대체로 소주蘇州, 가흥嘉興을 잇는 이동以東으로 한다"라고 제령선을 지시하고 상해전에서 결말을 짓는 작전을 명시했다.

중지나방면 군사령부도 상해파견군과 제10군과의 작전을 일시적으로 통일 지휘만 할 뿐이었다. 중지나방면군 사령부에는 2, 3명의 부관과 참모장 이하 7명의 참모와 약간의 부부部付장교가 있을 뿐, 일반 방면군 사령부의 편성처럼 병기부·경리부·군의부·법무부(법무관이 파견되어 군법회의에 의해 군형법 위반을 단속했다)는 없었다. 즉, 그 이상의 오지에 대한 작전을 지도할 경우에 필요한 병참기관을 가지고 있지 않았던 것이다. 또한 법무부가 없다고 하는 것은 휘하 군대의 군기, 풍기를 단속하는 정식기관을 갖추지 않았다는 것이다(『군무국장 무토 아키라 회상록』). 후에 남경공략전을 작전지휘하게 되는 것은 정말로 상궤를 벗어난 작전행동이었던 것이다.

참모본부가 상해공략전의 결착을 중시한 것은 중지나방면군의 막료에 참모본부에서 5명의 부원이 출향한 것으로 나타났다. 참모장에는 제3부장이었던 쓰카다 오사무塚田攻 소장, 참모부장에는 작전과장이었던 무토 아키라 대령이 취임했다. 쓰카다와 무토는 같은 확대파였다. 무토는 자진해서 희망했다고 알려져, 도쿄를 출발할 때 이미 남경공략을 생각하고 있었다고 볼 수 있다.

무토 아키라는 11월 상순, 상해에서 해군 군령부 제1부 제1과장 후쿠도메 시게루福留繁 대령에게 "중지나방면군은 지금 중앙의 의견을 따라 여전히 상숙常熟, 소주蘇州, 가흥嘉興선의 점거로 우선 작전을 일단락시켜 남경진격의 태세를 갖추고 이후의 계획을 세우는 방침을 가지고 있다"고 말하고 있다(『군무국장 무토 아키라 회상록』). 무토는 중지나방면군은 독단전행으로 남경공략전을 발동하는 방침이라고까지 말하고 있는 것이다. 참모본부 작전과장으로 출향해 온 사람으로, 참모본부에는 언젠가 추인될 것이라는 자신감도 뒷받침했다. 11월 중순에 상해로 전정 시찰하러 갔던 가와베 도라시로 작전과장(전쟁지도과장에서 무토의 후임으로 전임)에게 무토는 "남경을 정복하면 적은 항복한다"라고 단언하고 있다(「가와베 도라시로 소장 회상응답록」).

중국 일격론을 강경하게 주장하여 하극상으로 이시하라 작전부
장을 '쫓아낸' 무토로서는 자신의 확대 전략이 옳음을 현실 작전에서
실증해보여야 한다는 부담감에 쫓기고 있던 것도 사실이다. 그것은
남경공략을 강행하여 장개석 정부를 굴복시키는 것이었다.

난경공략에 반대한 참모본부

11월 중순, 일본군은 상해 전역을 제압했다. 상해파견군의 본래
작전 목적이었던 '상해 거류민 보호'는 이것으로 달성되었다. 3개월
에 걸친 상해전에 많은 희생을 강요받아 심신이 쇠잔하고 피폐해진
병사들은 본국으로 '개선'할 것이라고 생각하고 있었다. 육군성이 작
성한 「상해 부근의 작전 일단락을 맞아 정부가 행하는 성명안」(10월
28일)에는 "상해전을 제압하면 즉각 군사행동을 정지하고, 흔연히 중
일 우교를 수습하는 데 힘쓸 것"이라고 기술되어 있다(「군령부 제1부
갑부원甲部員 / 지나사변 처리」).

육군중앙에서는 상해파견군의 사기 저하, 군기이완, 불법행위의
격발이 심각한 문제가 되고 있었다. 그것을 우려한 육군성 군무국 군
사과장 다나카 신이치田中新一 대령은 '군기 숙정문제'라고 이름 붙이
고 자신의 소견을 이렇게 적고 있다.

군기 퇴폐의 근원은 소집병에게 있다. 고연차高年次 소집자에게 있다. 소집 헌병하사관 등에게 타기할 만한 지능범적 군기파괴행위가 있다. 현지에 의존하는 급양상의 조치가 잘못되어 군기파괴가 시작되었다. 즉 지방민으로부터의 물자 구매가 징발, 약탈처럼 행해져 폭행으로 바뀌게 되는 것과 같은 것이다…보급의 정체로 제1선을 기아결핍에 빠지게 한 것도 군기파괴의 원인이 되었다.

군기숙정의 길은 그 전국면에 걸쳐 시책되어야 하지만, 당면한 긴급문제는 후방의 여러 기관에 있다. 후방 여러 기관의 혼란은 동원편성 및 지휘계통상의 결함에도 물론 기인하지만, 후방 특설부대의 군기적 난맥이 큰 문제이다. 군사적 무지, 무규율, 무책임, 태만 등 일반적인 국체國体 행동 요소는 전무하다고 할 정도다. 이것을 그대로 방치해 두면 전군의 규율을 동요시킬 것이다. 문제는 제도나 기구보다 인사적 쇄신에 있다.

(「다나카 신이치 / 지나사변 기록 제3권」)

다나카 신이치는 마쓰이 이와네 중지나방면 군사령관이 남경을 점령하고 국민정부를 대신할 신정권 수립의도를 표명하기를 주저하지 않는 것에 대하여 다음과 같이 반대의 소견을 기술하고 있다.

마쓰이 대장으로서는 남경공략을 간절히 바라고 있다. 목적은 장개석을 쓰러뜨리는 것… 다만 사단의 현 상황으로는 전투능력,

특히 공격능력이 부족한 것으로 보임.

군기, 풍기의 유지에 대해서는 우려할 만한 것이 많고, 가장 중대한 원인은 지도관 각급들이 권리가 없기 때문이라고 할 수 있다.

군 재건에 관한 건 — (1) 정황상, 정리 가능해짐에 따라 예·후비병의 소집 해제를 행하여 될 수 있는 한 빠르게 평상 체제로 옮겨 위와 같은 병원兵員 부족은 보충병, 신병에 의해 충족한다. (2) 하사관의 정위精違 정리를 행하고 또한 철저하게 단기 재교육을 실시한다. 장교에 대해서도 같음. 그 외에 전지교육을 철저히 계획한다.

(「다나카 신이치 / 지나사변기록 제4권」)

다나카 신이치 군사과장은 상해파견군의 심각한 군기 퇴폐의 현상황과 원인을 거의 정확하게 파악하고 있었다. 하나는 장병의 자질문제였다. 고령자가 많은 예·후비역병 중심의 부대였기 때문에 사기저하와 군기이완, 그로 인한 군기 일탈 행위·불법행위 빈발의 실태. 그러한 군기, 풍기가 어지럽혀진 부대를 지휘·통솔하는 실력과 권위가 없는 장교, 하급 지휘관으로서의 자질과 능력이 부족한 하사관 등의 문제. 또 하나는 부대의 군비와 작전행동에 대해서 식량·군수품 공급·보충하는 후방기관(병참기관)이 혼란하여 식량·물자를 공급할수 없는 작전군은 시민에게서 약탈하고 심지어는 폭행에까지 이른 군기파괴의 문제였다(요시다 유타카 『천황의 군대와 남경사건』은 "상해공략전의 모든 과정과 남경사건 그 자체를 낳은 토양을 군내부에 만들어 가는 과정이기도 했다"고 하며, 상해에서의 일본군의 포로 참살, 민중 살육 등 불법행위의 실태를 기록하고 있다).

모두 육군중앙이 예기도 준비도 하지 않았던 중일 전면전쟁의 개시에 따라 갑작스럽게 예·후비역병을 소집하여 임시 특설사단을 편성하고, 군대의 장비와 장병의 훈련·교육이 불충분한 채로 상해공략전에 파병, 투입한 급조한 부대였던 것이 근본적인 요인이었던 것이다.

육군중앙에서 무토 아키라와 함께 확대파의 중심이었던 다나카 신이치조차 군기 문란한 상해파견군을 남경공략에 동원한 것은 무리라고 판단하여, 상해파견군의 재건방책으로써 예·후비역병의 조기 소집해제와 국내 귀환, 장교·하사관의 단기 재교육을 철저히 할 것을 통감하고 있었다. 예·후비역병을 소집해제하게 되면, 예비역 대장의 소집으로 임명·파견된 당시부터 미묘한 문제가 되었던 마쓰이 이와네 사령관의 소환도 대상이 될 것이었다(「가와베 도라시로 소장 회상응답록」).

참모본부에서도 이러한 군기 퇴폐한 장병으로 이루어진 상해파견군을 남경공략으로 밀어붙이면, 군기를 일탈한 불법행위·잔학행위가 격발할 가능성을 우려하여 상해전을 일단락 지으면 파견군을 정리하여 휴양시킬 필요를 고려하고 있었다.

그렇게 하려던 중 11월 20일, 참모본부로 제10군에서 "집단은 19

일 아침, 전력을 다해 남경을 향한 추격 명령"이라고 하는 보고가 있었다(11월 19일 발전). 참모본부 차장 다다 하야오 중장(이시하라 간지와 가까운 불확대파)은 매우 놀라 시급한 사안이기에 즉시 중지시켜 제명선에서 후퇴하라고 지시했다. 확대파인 시모무라 제1부장의 속마음은 남경 추격론이었기에 본 문제는 중지나방면군의 통솔에 맡겨야한다고 의견을 말했다. 그러나 다다 차장의 강한 의견에 따라, 20일 저녁 중지나방면군 참모장 앞으로 "제10군의 남경 추격은 임명臨命 제600호 작전지구 지시 범위를 일탈하고 있다"라고 타전했다.

이보다 전인 11월 15일, 제10군은 군사령관 야나가와 헤이스케 중장 임석 하에 막료회의를 열어 군 주력으로 독단 남경 추격을 감행하기로 결정했다. 제령선을 설정하여 오지로 침공하는 것을 금지한 군 중앙에 대한 명백한 명령위반이다.

11월 24일, 제10군에 이어서 이번에는 중지나방면군으로부터 "신속하게 사변을 해결하기 위해 현재 적의 퇴세를 틈타 남경공략을 요한다"라고 하는 의견서가 참모본부에 도달했다. 이미 남경공략을 생각하고 있던 시모무라 제1부장은 전진 불가론을 견지하는 다다 참모차장을 설득하여, 중지나방면군의 작전지역을 제한하고 있는 제령선의 철거를 지시했다(대륙지大陸指 제5호). 그런데도 다다 참모차장은 전선확대를 깊이 우려하여 중지나방면군 참모장 앞으로 남경 방면으로는 진격하지 않도록 전보를 쳤다(『지나사변 육군 작전』).

그런데 참모본부가 반대하고 있던 남경공략을 독단전행으로 개시한 제10군의 결정에 대해서는 무토 아키라의 존재를 무시할 수 없다. 그는 제10군의 항주만 상륙 전장의 작전 입안자立案者로서 야나가와 사령관과 행동을 같이 하고 있었다. 야나가와는 이때 중지나방면군은 태세가 정리되는 즉시 남경공략을 개시하고, 참모본부에는 언젠가 추인받을 것이라고 하는 무토의 작전의도를 들었을 것이다. 게다가 무토는 제16사단 참모장에게 보내는 편지에서 참모본부가 아직 제령선을 폐지하지 않은 시기에 제10군이 남경진격을 한 모습을 칭찬했다. 제10군의 남경공략 독단전행에 관해서 참모본부원의 적을 둔 채로 중지나방면군 참모부장에 취임한 무토 아키라로부터 유형무형의 허가가 떨어졌다는 것은 틀림없다.

11월 20일, 천황 직속의 최고 전쟁지도기관인 대본영이 설립되어 11월 24일에는 천황의 임석 하에 참모본부, 육군성, 군령부, 해군성의 최고수뇌부가 출석하여 제1회 대본영 어전회의가 열렸다. 이 회의에서 참모본부의 시모무라 제1부장은 중지나방면군의 작전계획에 대하여 참모본부에서 기안한 원고를 읽는 식으로 다음과 같이 설명했다.

이 군(중지나방면군)은 상해 부근의 적을 소멸하는 것을 임무로 하고, 또한 상해부근을 남경방면으로부터 고립시키는 것을 주안으로써 편조하고 있는 관계상, 그 추진력으로는 상당한 제한이 있습니다. 그뿐만 아니라 지금 전선부대의 치중輜重은 본래 포병과 같은 전열부대조차 아주 멀리 후방에 있는 것도 적지 않습니다.

따라서 일거에 즉각 남경에 도달할 수 있을 것이라고는 생각하지
않습니다.

이상은 전선에서의 보고에 근거해 중지나방면군의 현 상태로는
남경공략이 무리라고 말한 것으로, 다다 참모차장의 승인을 받은 것
이었다. 그런데 이하 부분은 시모무라 부장이 다다 차장에게 무단으
로 원고에 없는 발언을 한 것이다.

이 경우, 방면군은 항공대를 가지고 해군 항공병력과 협력하여
남경과 그 외의 요지를 폭격하는 동시에 끊임없이 진격의 기세
로 적의 전의를 상실시키는 것이라 알고 있습니다. 총사령부에서
는 앞으로의 상황여하에 따라 해당 방면군으로 하여금 새로운 준
비태세를 갖추고 남경과 그 외의 지역을 공격하는 것을 고려하고
있습니다.

(「시모무라 대장 회상응답록」)

위의 발언에 대해 후에 시모무라 제1부장은 다다 참모차장으로부
터 질책받게 된다. 그러나 시모무라 부장은 현지군의 태세가 가능하
다면 남경공격을 행하겠다는 방침을 설명하고 납득시켰다 (그 자리에
서 반대가 없었다는 의미로) 고 하는 기정사실을 만드는 데 성공한 것이
다. 이 시모무라 부장의 설명에서는 해군항공대의 남경폭격이 육군

의 남경공략전의 전초전으로서의 의미를 갖고 있다는 것이 뜻밖에 드러나 있다.

시모무라 부장은 11월 27일에는 중지나방면군 참모장 앞으로 "이 부대에 대해서는 남경공략을 실행할 군은 결의 아래 순조롭게 심의 중에 있음. 아직 결재를 얻지는 못했으나 우선은 양해해주시길"이라고 내부 연락을 했다. 이에 대해 방면군 참모장으로부터 "지금 막 귀하의 연락을 받고 안심했다. 용감하게 그 뜻에 따르겠다"는 연락을 받았다(『지나사변 육군 작전』). 시모무라 작전부장과 중지나방면 군사령부가 한통속이 되어 참모본부 명령과 명령계통을 무시하고 남경공략작전을 '하극상'처럼 진행시킨 것이다.

무토 참모부장의 도발

대본영의 남경공략 정식명령도 없이 참모본부의 통제에 반하여 중지나방면 군사령부가 독단전행으로 발동한 남경 침공작전은 만약 방면군의 진격이 정체될 경우에 남경공략에 반대하는 다다 참모차장 등에게 전진정지를 명령받을 가능성이 있었다. 그걸 회피하고, 또한 독단전행으로 군중앙에 추인받기 위해서는 남경 급진격을 성공시켜 방면군의 남경공격 태세가 가능했다는 것을 전쟁 성과로 과시할 필요가 있었다. 거기서 무토 아키라 방면 참모부장 등이 수용한 수단은 피폐해진 상해파견군을 도발시켜 제10군과 '남경 첫 입성'을 경쟁시키는 것이었다. 무토는 11월 26일 제16사단 참모장 나카자와 미쓰오中澤三夫 대령에게 다음의 서한을 보냈다.

> 귀 사단은 상륙 이래 기후와 지형이 나빴기 때문에 아직 사단의 진가를 충분히 발휘할 기회가 없어 참으로 딱하다고 생각합니다. 똑같이 북지나에서 전용된 제6사단은 무운武運이 넘쳐 먼저 혁혁한 전공을 세우고 있다고 생각합니다. 더욱더 전진하시기 바랍니다. (략) 파견군의 무석無錫 부근에서의 전투모습을 보면 상주常州 점령은 언제가 될는지 초조합니다. 제10군 방면은 2, 3일 안에 의흥宜興 율량溧陽, 광덕廣德을 점령해야 한다는 것이 아주 유감스럽게 여겨집니다. (략)
>
> 현재의 태세에서 수비로 옮기는 것과 같은 일은 황군의 위무威武를 안팎으로 현양顯揚하는 방법이라고는 결코 생각할 수 없습니다. 만약 전황의 진전이 좋지 않다고 생각되면 중앙부로부터 전진정지를 받을 수밖에 없다는 우려가 있습니다. 이 점도 양해해주시길 바랍니다.
>
> (「제16사단 관계 자료철」)

이 무토의 서한은 제10군의 전진모습, 같은 화북에서 전용되어 온 제10군에 속한 제6사단의 '전공'의 가치를 내세워, 제16사단을 가차 없이 깎아내려 제16사단에게 급진하듯이 도발한 것이었다. 중지나방면군은 참모본부에 제령선制令線을 철폐시켰다고는 해도 여전히 남경공략을 승인받지 못한 상황에서 화북에서 상해전으로 내몰린 피폐해질 대로 피폐해진 제16사단으로 하여금 남경으로 진격하게 부추긴 것이다.

제16사단이 남경대학살의 주역 중 하나가 된 것에는 원인이 있었다. 화북 이래 장소를 옮겨가며 싸우는 부담과 희생에도 불구하고 도중에 투입된 상해전에서는 의붓자식 취급을 당해 병요지지(작전·군사에 필요한 지형·지세·기상·인문·산업산물 등을 조사한 서류자료)도 기재보급도 제대로 받지 못하고, 작전 목적 설명도 듣지 못한 채 닥치는 대로 전투명령을 받았다. 더욱이 이 무토 서한에서처럼 비방당해 남경진격으로 내몰린 것에 대한 불만과 초조함, 분노가 역으로 중국군민에 대한 적개심의 형태로 폭발했던 것이다(에구치 「상해전과 남경진격전」).

남경사건의 전사前史

근대전쟁에서 대부대는 전선부대와 후방의 병참부대로 나눠져, 전선의 전투부대는 후방의 병참부에서 오는 식량·군사물자의 보급을 받으며 전진해나간다. 따라서 전선부대의 새로운 전진은 병참부가 보급 가능한 위치까지 이동하고 나서 행하는 것이 상식이었다. 그런데 중지나방면군의 독단전행으로 개시된 남경공략전에서는 이 작전상식이 무시당했다. 상해파견군의 경우 처음부터 상해 주변만을 상정하여 파견된 부대였기에 각 사단의 병참부는 처음부터 조직이나 체제가 빈약했다. 그럼에도 불구하고 전선부대는 「남경 첫 입성」을 선동당해 어쩔 수 없이 보급을 무시한 강행군을 해야 했던 것이다.

그 때문에 중지나방면군은 양말糧秣(식량과 군마의 사료)의 대부분을 현지에서 징발하는 현지조달주의를 취했다. 이것은 '식량을 적에게서 구한다', '식량은 적에게서'라는 전법으로 통과지역의 시민으로부터 식량을 약탈하는 것이었다.

중지나방면군의 병사 대부분이 예비역병·후비역병으로 처자식을 두고 출정하였다. 상해전이 끝나면 귀환할 수 있다고 생각했지만, 그대로 남경공략전으로 내몰린 불만과 분노가 병사들 사이에 맺혀 있었다. 그러한 불만의 배출구로써 군 상관들은 성적만행이 '병사들의 기운을 북돋기 위해 필요'하다는 이유로 묵인하는 풍조가 있었다. '중국여성을 정복하고', '완력으로 여자를 제 것으로 만든다'고 하는 전장의 특별한 편의로서의 부녀능욕행위가 병사를 남경공략으로 내몰기 위해 묵인되었다(국부태國府台 육군병원 소속 군의중위 하야오 도라오 早尾虎雄「전장에서의 특수현상과 그 대책」).

상해에서 남경까지는 약 300킬로미터의 거리이다. 일본으로 말하자면 도쿄에서 나고야 바로 앞에 있는 도요하시豊橋까지의 거리에 해당한다. 그 사이를 상해파견군과 제10군이 선봉으로 싸우며 진격해갔다. 혼다 쇼이치本多勝一의 『남경으로의 길』과 요시다 유타카吉田裕의 『천황의 군대와 남경사건』은 상해·항주만 상륙에서 남경까지의 진격 도중에 있었던 일본군의 만행의 실태를 밝히고 있다. 남경으로 향하는 추격전의 전 과정은 이미 상해전의 단계에서 현저히 나타나고 있던 여러 가지 불법행위, 잔학행위가 보다 대규모적으로 확대된 과정이며, 남경사건의 전사前史를 직접적으로 이루는 노정이었다.

III 근교 농촌에서 무슨 일이 일어났는가
— 파상진군이 초래한 피해

무라세 모리야스村瀬守保 사진집 『나의 종군 중국전선』(「제2부 상해에서 남경으로」)에서.
본서의 사진설명에 의하면, 공포에 질려 숨어 있었던 사람들로 "노파가 붙잡혀 두 사람의
일본군에게 능욕당해 상처를 입었다"고 호소했다고 한다. 일본기관지출판센터 간행

▌남경행정구의 개요도 ▐

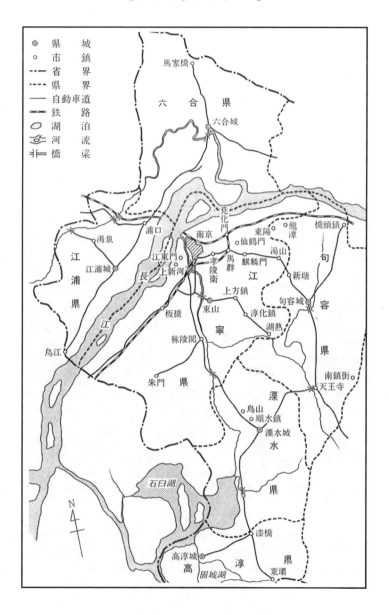

1. 남경사건의 시작

남경공략 명령이 내려지다

육군성의 다나카 신이치田中新一 군사과장은 "남경공략에 관해 육군성 수뇌부는 신중론, 군무과장 시바야마 겐시로柴山兼四郎 대령의 경우에는 남경공략은 지형상 불가능하다는 이유를 들어 남경작전 중지를 대신과 차관에게 주장한다. 참모본부 작전과는 적극적이다"라고 수기에 적고 있다(『지나사변 육군 작전』). 냉정한 판단력을 가진 지도자라면 국민정부의 중경重慶 이전선포(11월 20일)에 의해 이미 수도가 아니게 된 남경을, 상해전으로 피폐해지고 군기이완한 부대를 그렇게 강행군·난행군시키면서까지 단기간에 공략할 정도의 전략적 의미가 없다는 것은 이해할 수 있었을 것이다. 결국은 육군중앙부내에서 '하극상'으로 주도권을 장악하려고 했던 확대파의 당파심과 남경 점령＝중국 굴복의 수훈자라고 하는 시대착오적인 공명심에 사로잡힌 중지나방면군·상해파견군·제10군 상급지휘관들의 야심 등이 상승하여 정식 명령 없이 남경공략전이 강행되었던 것이다.

일본의 대중매체도 남경공략전에 편승하여 남경전 보도를 위해 대규모 보도진을 전장으로 보내, 적지 않은 종군기자의 희생자를 내면서 「남경성에 일장기가 휘날릴 때까지」라는 보도전투를 벌여 국민의 전의고양을 꾀하였다. 남경으로 진격하는 황군의 연전연승이라는 눈부신 첩보가 연일 보도되는 가운데 국민의 승전·축하 분위기가 필요이상으로 과열되었다. 국민은 확대파가 선전하는 '중국일격론'에 매혹되어 마치 남경이 함락되면 중일전쟁이 완전히 끝나고 일본이 승리한다는 기대감을 품게 되었다. 관청과 학교는 남경함락 축하행사를 계획하고, 제등과 현수막 준비를 비롯해 마치 남경을 결승골로 하는 전쟁게임이라도 관전하는 것처럼 일본군의 진격에 갈채를 보내고 남경 조기 점령을 기다렸다.

일이 여기까지 이르자 남경공략전을 강하게 반대하고 있던 다다 참모본부 차장도 결국 동의하게 되었다(11월 28일). 그럼에도 상해파견군과 제10군은 상해 주변의 한정된 작전에 적합하게 편성이 되어 있었기에 새롭게 후방부대, 특히 수송기관을 동원하여 증가시킬 필요가 있었다. 다음 날 29일, 참모본부 제1부작전과 작전반의 이마오카 유타카今岡豊 대위가 상해로 가서 중지나방면군의 사령부를 방문하여 증강안을 제시했다. 이에 대해 무토 아키라 참모부장은 다음과 같이 강하게 말했다.

본국에서 새롭게 동원한 부대의 집결을 기다려 작전을 발기한다면 시기를 놓치고 만다. 지금 당장 남경공략 명령을 내려주면 방면군으로서는 자체의 병력으로 어떻게든 남경은 공략할 수 있다. 시기를 놓쳐 추격을 늦추면 적에게 다시 일어설 기회를 주는 꼴이 된다. 그렇게 되면 남경공략은 어려워진다. 다행히 심한 타격을 입었던 상해파견군도 대강 기운을 차렸으니 신예인 제10군은 지금 파죽의 진격을 목전에 두고 있다.

(『군무국장 무토 아키라 회상록』)

무토가 제10군과 상해파견군을 남경으로 보내 선봉에 서서 전쟁을 일으켜, 심한 타격을 입은 상해파견군을 도발했던 것은 위의 인용문과 같다. 다른 참모도 "남경공략 명령만 내려진다면 그 후의 문제는 방면군에서 어떻게든 처리한다"는 의견이었기 때문에 이마오카는 바로 방면군의 의향과 희망을 대본영에 타전했다.

그리하여 12월 1일, 대본영은 "중지나방면군 사령관은 해군과 협동하여 적국의 수도 남경을 공략하라"(대륙명大陸命 제8호)는 남경공략 명령을 내리고 중지나방면군의 독단전행을 정식으로 추인했다. 동시에 마쓰이 이와네를 사령관으로 하여 상해파견군과 제10군에서 편성된 중지나방면군의 '전투서열'이 정식으로 하달되었다(그때까지는 임시 편성된 '편합'이었다). 다음날, 황족인 아사카노미야 야스히코오朝香宮鳩彦王 중장이 상해파견군 사령관에 임명되어(7일 부임) 마쓰이 사령관은 파견군과 방면군의 겸임에서 벗어났다.

하지만 중지나방면군 사령부는 전술했듯이 휘하의 전군을 통괄·통제하는 데 필요한 병참기관도 없어 정식적인 부대가 아닌 것에는 변함이 없었다.

그 때문에 남경공략전의 작전지휘만 하고 군대의 식량·군수품의 보급, 장병의 군기풍기 단속, 부상병의 구조와 치료도 상해파견군·제10군 및 각 사단에게 책임을 맡기는 무책임한 사령부이기도 하였다. 그것은 마부가 말에게 여물을 주지 않고, 고삐도 잡지 않은 채 지친 말에게 채찍만 가하면서 빨리 달리기를 원하는 것과 같은 것이다. 후술하고 있는 것처럼 중지나방면군 사령부가 휘하의 전군(그것도 이미 대부분이 군기가 퇴폐해 있었다)을 통괄·통제하는 기관과 권력을 갖추지 않았던 것이 남경사건을 발생시킨 하나의 중대한 원인이 되었다.

12월 2일, 장개석이 주화 독일대사 트라우트만에게 일본 측의 화평조건을 인정하는 의향을 전달했지만, 남경함락이 임박했다고 하는 흥분에 휩싸인 고노에 내각의 관료들은 일본 측이 요청했던 것임에도 불구하고 트라우트만 화평공작을 소홀히 하기 시작했다. 히로타 외상広田外相은 "많은 희생을 낸 지금, 이와 같이 경이한 조건으로는 용인하기 힘들다"고 말하고, 고노에 수상은 "패배자로서 아주 무례한 언사다"라며 강경한 태도를 보였다. 스기야마 육군대신은 강화 촉진을 주장하는 육군중앙부내의 불확대파의 요청을 받아들여 일단 즉시 화평교섭을 촉진할 것을 표명했으나, 바로 이를 번복해 "이번에는 일단 독일의 알선을 거절하고 싶다"고 말하자 고노에 수상과 히라타 외상도 바로 이에 찬동했다. 이리하여 고노에 내각은 중일전쟁의 정전·평화실현을 꾀하려 했던 트라우트만의 화평교섭을 보류함으로 전국戰局 수습의 가능성을 단절시켜버렸다.

이때 이시이 이타로는 절망하여 "기가 막힌 대신들이다. 이젠 갈 데까지 가버려 정신 차리는 것 외에는 방법이 없다. 일본은 정말로 국난에 부딪히지 않으면 배울 수 없는 걸까"라고 일기(12월 8일)에 썼다.

중국이 중경重慶 천도를 선포하고(실질적으로는 한구漢口로 수도 기능을 이전), 수도로서는 아무런 역할을 한 수 없게 되었음에도 불구하고 "남경을 함락시키면 어떻게든 될 것이다", "수도를 점령하면 중국은 굴복한다"고 믿어버린 정부·국민의 기대감이 높아지는 가운데 총 병력 16만 혹은 20만이라고 알려진 중지나방면군의 대군은 정식으로 남경공략전에 돌입해간 것이다.

강화조건은 10월 1일 수상, 육군대신, 해군대신, 외상의 대신회의에서 결정하여 천황에게도 상주한 「지나사변 대처요강」이다. 중국이 '만주국'을 승인한다, 일본은 화북에서 국민정부의 행정권을 인정한다, 화북의 일부와 상해 주변에 비무장지대를 설정한다, 중국은 항일정책抗日政策과 용공정책容共政策을 해제할 것 등, 당시의 일본정부와 장개석 정부에게 있어 타협 가능한 내용이었다.

■ 그림 1. 남경전략전의 참가부대 ■

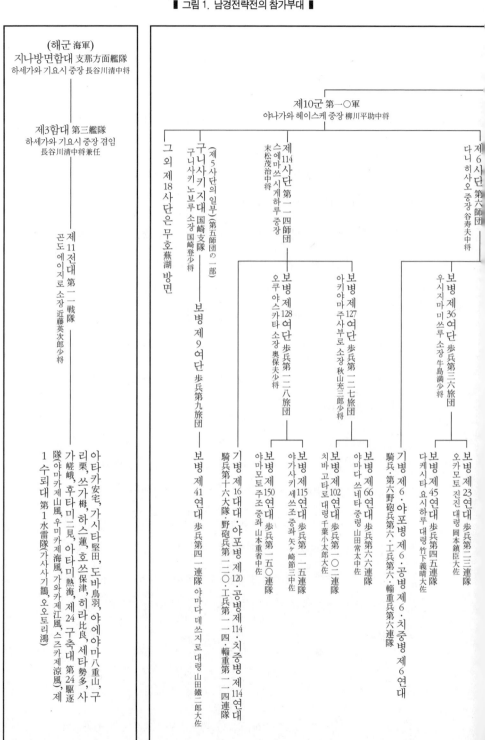

(육군 陸軍)
중지나방면군 中支那方面軍
마쓰이 이와네 대장 松井石根大将

상해파견군 上海派遣軍
아사카노미야 야스히코 오 중장 朝香宮鳩彦王中将

- 제9사단 第九師団 요시즈미 료스케 중장 吉住良輔中将
  - 보병 제6여단 步兵第六旅団 아키야마 요시쓰 소장 秋山義兌少将
    - 보병 제7연대 步兵第七連隊 이사 가즈오 대령 伊佐一男大佐
    - 보병 제35연대 步兵第三五連隊 후지이 스에키치 대령 富士井末吉大佐
  - 보병 제18여단 步兵第一八旅団 이데 센지 소장 井出宣時少将
    - 보병 제19연대 步兵第一九連隊 히토미 슈조 대령 人見秀三大佐
    - 보병 제36연대 步兵第三六連隊 와키사카 지로 대령 脇坂次郎大佐
  - 기병 제9·산포병 제9·공병 제9·치중병 제9연대 騎兵第九·山砲兵第九·工兵第九·輜重兵第九連隊

- 제26사단 第二六師団 나카지마 게사고 중장 中島今朝吾中将
  - 보병 제30여단 步兵第三〇旅団 사사키 도이치 소장 佐々木到一少将
  - 보병 제19여단 步兵第一九旅団 구사바 다쓰미 소장 草場辰巳少将
    - 보병 제20연대 步兵第二〇連隊 오노 노부아키 대령 大野宣明大佐
    - 보병 제33연대 步兵第三三連隊 노다 겐고 대령 野田謙吾大佐
    - 보병 제9연대 步兵第九連隊 가타기리 고로 대령 片桐護郎大佐
    - 보병 제38연대 步兵第三八連隊 스케가와 세이지 대령 助川静二大佐
    - 기병 제20·야포병 제22·공병 제16·치중병 제16연대 騎兵第二〇·野砲兵第二二·工兵第一六·輜重兵第一六連隊

- 야마다 지대 山田支隊
  (제13사단의 일부) (第一三師団の一部)
  - 보병 제103여단 步兵第一〇三旅団 야마다 센지 소장 山田栴二少将
    - 보병 제65연대 步兵第六五連隊 모로즈미 교사쿠 대령 両角業作大佐

- 제3사단 선견대 第三師団先遣隊
  - 보병 제68연대 步兵第六八連隊 오모리 다카시 대령 鷹森孝大佐

- 그 외 제13사단 주력은 양자강揚子江북안, 제3사단 주력과 제11사단 '제101사단은 후방경비
  - 보병 제11여단 步兵第一一旅団 사카이 도쿠타로 소장 坂井徳太郎少将
    - 보병 제47연대 步兵第四七連隊
    - 보병 제13연대 步兵第一三連隊 오카모토 야스유키 대령 岡本保之大佐

남경 전구戰區의 현성縣城과 마을에서 시작된 학살

남경특별시는 남경성벽 안쪽과 그 주변지역으로 이루어진 남경
성구城區(중국의 도시는 서구 도시처럼 주위가 성벽으로 둘러싸인 중앙에 있기
때문에 성 혹은 성시城市라고도 함)와 행정구로써 남경특별시에 속한 근
교현성(중국의 현은 현도縣都에 해당하는 소도시로 성벽에 둘러싸여 있기 때
문에 현성이라고도 한다)과 마을을 합한 근교구로 이루어졌다.

▌ 그림 2. 남경공략전 경과주요(D = 사단) ▌

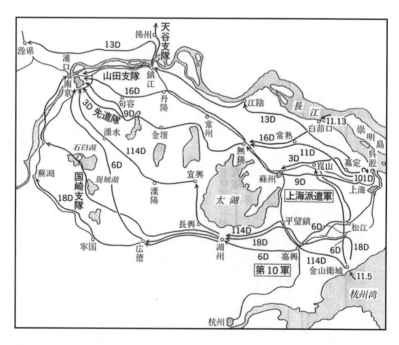

위의 지도에 나타나 있듯이 남경특별시의 행정구에는 육합六合·강포江浦·강녕江寧·율수溧水·구용句容·고순高淳 등의 6개현이 포함되어 있었다. 남경특별시의 전 면적은 일본 도쿄도와 사이타마현·가나가와현을 합친 넓이와 거의 비슷하다(현재 구용현은 구용시로 승격하여 남경시에서 떨어져, 행정구로 진강시鎭江市에 소속되어 있다).

1997년 현재 인구는 육합현 68만, 강포현 30만, 강녕현 76만, 율수현 40만, 고순현 43만, 구용시 60만으로 합하면 남경성구의 263만 명을 넘는다.

이 근교구와 지구地區의 인구비율은 남경전 이전과 같고 당시의 남경 금릉대학 사회학교수 루이스·S·C·스마이스(36세)의 조사에 따르면, 근교구의 인구는 고순현과 6개현 절반을 제외한 4개 현 절반으로도 120~135만에 달하고 남경성구는 100만이었다(「남경지구에서의 전쟁피해」). 근교 6개 현 전부를 합치면 인구는 150만이 넘었을 것으로 여겨진다. 근교 농촌구역의 인구가 이정도로 많은 것은 장강 연안인 이 지역이 옛날부터 비옥한 쌀 경직지대로 번성해 왔기 때문이었다.

남경방위군의 남경 주변 방어진지는 앞의 지도에 있는 용탄龍潭—탕산湯山—구용—호순—율수—말능관秣陵関 등의 성진城鎮(마을)에 방위군이 집결하였다. 이들은 구용·율수·강녕현 내에 펼쳐진 방어진지에서 일본군의 침공을 저지하고자 하였다. 남경특별시 구 전역이 남경공략전의 전장, 즉 남경전구가 되었다는 것이며 남경사건도

이 넓은 지역에서 발생했다.

이 남경전구에서 성구를 문어의 머리라고 한다면 일본군은 거기서부터 문어 다리처럼 방사형으로 늘어진 간선도로를 건너 남경성을 목표로 진격했던 것이다. 그 때문에 도로 주변의 마을이나 진지 부근의 촌락, 주변 촌락의 시장으로 번영한 진鎭(중국의 현縣에 속하는 소도시)이나 현성縣城이 일본군의 공격과 파괴·약탈, 방화의 표적이 되어 민중은 그 참극에 휘말려갔다.

【 율수현溧水県 】

11월 29일, 율수에 중국군 총사령부가 있다는 정보를 입수하고 해군항공대의 전투기·폭격기 합계 36기가 잇따라 율수 시가를 폭격했다(「중국방면 해군작전」). 마침 점심시간이었던 시민들은 돌연 공습을 당해 현성은 한순간에 지옥을 방불케 했다. 폭탄을 맞은 가옥은 파괴되고 도처에 화재가 발생했다. 서둘러 길거리로 뛰쳐 나온 군중에게 폭탄이 투하되고 거기에 기총소사가 더해졌다. 어떤 집 뒷마당에 만든 허술한 방공호에 폭탄이 명중하여 피란해 있던 100여 명이 희생된 예도 있다. 약 1시간에 걸친 공습으로 시민 1천 200여 명이 사망, 가옥 5천 칸(수천 호)이 파괴되었다.

(「율수현지溧水県誌」).

【 구용현句容県 】

12월 4일 오전 8시 40분, 단양丹陽을 공략한 제16사단(교토·사단장 나카지마 게사고中島今朝吾 중장)의 선두가 구용(남경에서 약 50킬로미터)의 동쪽 약 15킬로미터 지점에 있는 예당촌倪塘村을 침공, 남경전구로 돌입했다(「이이누마 마모루飯沼守 일기」).

구용은 남경 주변 방어진지선의 주요한 현성으로, 동부는 토치카로 방비를 강화하고 성내에는 포병학교가 있었다. 국민당군이 예당촌의 서쪽인 구용을 통과하는 다리를 폭파했기 때문에 진행을 멈추었던 제16사단 소속 보병 제20연대의 부대는 그날 예당에 숙영하게 되었다. 거기서 마을 주민 학살사건이 발생했다.

그때까지 성인 남자는 부근으로 피란해 있었다. 일반적으로 마을 주민의 피란 순서는 그때까지의 중국 국내 전쟁의 경험으로 비추어 봤을 때 살해나 연행될 위험이 있는 성인 남자가 가장 먼저 멀리 피신하고, 이어서 여성과 아이가 부근으로 피했다. 그리고 살해될 위험이 적은 노인이 집과 가축, 작물을 지키기 위해 남는 형태를 취했다. 일본군이 예당촌에 왔을 때 부녀자나 노인, 아이는 아직 마을에 남아 있었지만 침입해온 일본군의 총성이 들렸기 때문에 부녀자와 아이들도 어둠을 틈타 도망하여 부근으로 몸을 숨겼다. 일본군은 늦게 도망친 마을주민과 타지에서 피란와 있던 40여 명을 붙잡아 예안인倪安仁이라고 불리는 마을주민의 집에 밀어 넣고 불을 질러 태워 죽여 버렸다.

다음 날 아침 8, 9시경에는 일본군 부대가 국민당군의 포로를 포함한 다른 마을주민 약 80명을 포박하여 구용 공로公路(단양-구용도로) 연안으로 연행하여 기관총으로 전원 살해했다. 이때 저수지 둑에서 한 젊은 여성이 8명의 일본병사에게 윤간당하고 정신이상이 생겨 얼마 안 있어 사망했다. 일본군은 마을을 떠나기 전에 촌락을 방화했기 때문에 마을 공공건물(사당, 방앗간, 제분소) 이외 마을의 80여채는 전부 소실되었다. 예당촌 학살사건에서 120여 명이 살해됐지만 대부분이 다른 마을의 농민으로 예당마을 주민은 7명이 희생되었고, 그 중 2명은 여성이었다(『구용현지句容県誌』, 「일군침점 구용 기간 폭행록日軍侵占句容期間暴行錄」. 또한 혼다의 『남경으로의 길』에는 목격자로부터의 청취에 근거하여 사건이 상술되어 있다).

12월 5일 아침 8, 9시경에 일본군 부대가 구용현성의 북쪽에 있는 본호촌本湖村으로 식량 징발과 부락소탕을 위해 왔다. 이것을 멀리서 본 마을 주민은 틀림없이 국민당의 군대라고 생각하여 마을의 자위단 약 30명을 소집하여 창과 칼 등을 들고 모여서 환영하려고 할 때, 전원 체포되어버렸다. 근처에서 체포된 청장년을 포함해 40여 명이 마을의 술 양조장(초가로 방 3개 있었음)에 집어넣어져 불이 붙여졌다. 양조장 밖으로 도망치려했던 사람은 사살되고, 전신이 불덩이가 되어 양조장에서 뛰쳐나와 근처의 연못으로 뛰어든 사람도 사살되었다. 당시 만 16세였던 만인승万仁勝 단 한 사람만이 양조장에서 도망쳐 울타리 안에 숨어 화상을 입은 채 목숨을 부지한 것 외에는 모두 살해되었다(「일군침점 구용기간 폭행록」).

농촌에서는 통신수단이 전혀 없었기 때문에 본호촌本湖村처럼 가도에서 약간 떨어진 마을에서는 주민이 일본군의 침공을 알지 못했으므로 이러한 비극이 발생했다.

보병 제20연대의 마키하라 시노부牧原信夫 상등병이 남긴 군중일기(「마키하라 일기」)에는 이 부대가 진군연도에서 행한 부락소탕 모습이 구체적으로 기록되어 있다. 구용에 이르기 전의 부분부터이지만, 진격도상이나 부락소탕의 실태를 일본군이 기록해 놓아 아래와 같이 발췌했다.

> [11월 22일] 도로 위에는 지나병의 사체, 민중 및 여성의 사체가 보기 흉한 모습으로 널부러져 있는 것도 가여웠다.
>
> 다리 부근에는 5, 6체의 지나군 사체가 불타거나 혹은 목이 잘린 채 쓰러져 있다. 들리는 말로는 포병대 장교가 시험 삼아 베어 본 것이라고 한다.
>
> [11월 26일] 오후 4시, 제2대대는 탄성을 지르며 용맹하게 적의 진지로 돌격하여 적의 제1선을 탈취.
>
> 주민이 집도 타버리고 도망갈 곳이 없어 상심하여 우왕좌왕하고 있는 것도 정말 불쌍하지만 어쩔 수 없다.
>
> 오후 6시, 완전히 점령하다.
>
> 7시, 도로 위에서 각 부대 집결을 끝내고 근처 부락의 소탕이 시

작되었다. 우리가 쉬고 있던 장소에 갑자기 4명의 패잔병이 나타나서 재빨리 잡으려 했지만, 안타깝게도 1명은 도망가고 다른 3명은 체포되었다. 병사들은 재빠르게 2명은 엠피(소형 삽)와 십자괭이로 때려죽이고, 1명은 본대로 연행하여 통역병이 조사를 마친 후 총살했다.

8시 반, 숙소에 도착. 3소대는 바로 돼지를 죽였다. 정말이지 너무 빨라 어이가 없었다.

[11월 27일] 지나인의 밀가루 빵을 구워 먹었다. 휴식 중에 집에 숨어 있던 패잔병을 때려죽였다. 11시에 지나인 2명을 데리고 출발하여 철도선로 위를 전진했다. 휴식 중에 짚으로 지붕을 이은 집을 5, 6채 태웠다. 불은 하늘 높이 타올라 기분이 좋았다.

[11월 28일] 오전 11시, 대대장의 명령에 의해 시모노下野 반장 이하 6명은 소총을 들고 잔적을 소탕하러 갔다. 그전에 어떤 교량에 도착했을 때 하시모토 요이치橋本與一는 배로 도망치는 5, 6명을 발견, 1명을 명중시켜 사살. 소탕은 이미 그 시간부터 시작된 것이다. 우리가 전진함에 따라 지나인 젊은이들이 앞다투어 도망쳐 갔다. 무엇 때문에 도주하는 건지 모르겠지만, 도망가는 자를 수상히 여겨 사살한다.

부락의 12, 13채에 불을 지르자 금세 마을에 불길이 치솟아 완전히 불바다가 되었다. 노인이 2, 3명 있어 불쌍했지만, 명령이라 어쩔 수 없었다. 이어서 부락 3개를 전부 태웠다. 게다가 5, 6명을 사살했다. 의기양양해졌다.

[11월 29일] 무진武進(상주常州시에 속한다)은 항일, 배일의 근거지이기 때문에 모든 시가지를 소탕하고 남녀노소 불구하고 전원 총살했다. 적은 무양無錫 전선에서 패한 이후 모두 도망쳐 전의가 없는 건지, 혹은 후방의 강고한 진지에 틀어박혀 있는지 모르겠지만 전혀 보이지 않는다.

[12월 1일] 도중의 부락을 전부 소탕하고, 또 혹은 배로 도망치는 2명의 패잔병을 사살하거나 불을 붙여 부락을 태워 버리고 전진했다. 여성呂城 부락에 들어서자마자 징발하려고 한 가옥에 들어갔을 때 의용병처럼 보이는 사람 3명 발견. 2명은 샛강에서 밀어뜨려 사살했다. 1명은 연행하여 대대본부에 건넸다.

[12월 4일] 지난밤은 굉장히 추워서 곤란했다. 2, 3일은 체재할 예정이라고 하기에 이번에야말로 옷 한벌 마련하려고 빠르게 징발에 나섰다. 나는 취사담당으로 오카야마岡山, 세키모토関本와 함께 점심식사 준비를 했다. 징발대가 닭·배추 등을 가지고 돌아와 집에 있던 돼지도 잡아 점심식사는 고깃국이었다.

정오가 지나 이전준비 명령으로 큰 소란이 있었으나 결국은 중지되어 다행이었다. 각자 닭 꼬치, 불고기(돼지)를 만들어 실컷 먹었다. 오후 2시, 명령이 있어 연대는 남경을 향해 남경가도를 진격하게 되었다. 고인꿈人(쿨리꿈力)도 무거운 짐을 등에 지고 잘도 따라왔다고 감탄했다(11월 27일 일기에 '지나인 2명을 데리고'라고 했던 중국인. 부대의 대부분은 이렇게 중국인을 연행하여 인부, 잡역에 사용했다).

[12월 5일] 오전 8시, 모든 준비를 끝내고 이 부락을 출발했다. 출발할 때는 벌써 온 마을이 불바다였다.

남경 가까이 왔을 때, 외딴집에 있는 말린 고구마에 눈이 갔다. 순식간에 떼어 먹었다.

(「남경사전 교토사단 관계 자료집」이하, 「교토사단 관계 자료집」으로 표기)

【 고순현高淳県 】

12월 4일, 남경공략 명령에 따라 해군의 항공작전도 남경공략의 협력으로 전환하여 남경, 무호蕪湖 방면 공격에 주력했다. 전일 3일에는 남경의 동쪽 약 140킬로미터에 있는 상주에 해군 항공기지가 열려 이 기지를 거점으로 육전협력을 위한 남경·무호공격이 가속되었다. 그날 해군항공대의 정찰기·전투기·폭격기 총 19기가 출동했다 (『중국방면 해군작전』).

남경특별시의 최남단에 있는 고순현은 수운水運으로는 무호蕪湖로, 육로로는 남경성으로 통하는 교통의 요소였다. 그날 국민당 군대의 무호방면으로의 철퇴를 저지하기 위해 다리와 운하를 파괴할 목적으로 현성 및 시가지가 폭격당했다. 그중에서도 무호—상해를 잇는 운하의 항구인 동항東埧의 시가지가 가장 격렬한 공습을 받았다. 시가지 중심을 지나는 큰 길에 집중적으로 폭탄이 투하되어, 폭풍爆風

으로 날아간 사체가 길거리에 흩어져 있었다. 중심가는 금세 불바다가 되어 끝내 폐허가 되었다. 그날 동항東項에만 80발의 폭탄이 떨어져, 주민 100여 명이 사망했다. 파괴되어 소실된 집은 700여 칸(200여 호)정도였다(『고순현지』).

제5사단의 구니자키国崎 지대(지대장 구니자키 노보루国崎登 소장, 보병 제9여단으로 구성)는 12월 2일 광덕光德을 출발, 3일 낭계郎渓에 이르러 이곳에서 수상기동 준비를 하고 6일 낭계를 출발, 주로 수로를 이용하여 수양진水陽鎮·고순현성을 통과, 9일 태평을 점령했다(『지나사변 육군작전』).

12월 6일, 일본군(구니자키 지대)이 수양진水陽鎮에서 현경계지역의 수벽교水碧橋 마을에 침입하여 마을 주민 36명을 참살했다. 다음 7일, 고순성을 점령한 일본군은 주민을 향해 발포하여 30여 명을 사상死傷시켰다(『고순현지』).

【 강포현江浦県 】

강포현은 6개의 현과 함께 장강의 북쪽에 있다. 중지나방면군 사령부는 남경공략전을 두고 중국군을 포위, 섬멸하는 작전을 철저히 하려고 했다. 그 때문에 장강북안의 양쪽 현에 대해서도 다시 한번 일본군을 진격시켜 남경방위군의 퇴로를 끊으려 했다. 그야말로 완전포위망의 형식이었다. 상해파견군 참모장 이이누마 마모루 소장의 일기에는 "[12월 11일] 구니자키 지대, (장강) 왼쪽 해변으로의 이동 통보에 전하(아사카노미야 상해파견군 사령관)도 어떻게든 13D(사단)을 빨리(장강을) 건너 진포선津浦線을 차단해야 한다며 다소 초조해하신다"라고 쓰여 있다. 구니자키 지대는 자호진慈湖鎭 부근으로 장강을 도하하고 북안을 남경성 방향으로 진격, 12일 오후 1시에는 강포현성으로 침공했다.

12월 11일에 조강진烏江鎭을 점령한 일본군(구니자키 지대) 2천여 명은 조강진에서 남경전구로 돌입하여 국민당군과 총화를 주고받으며 포구를 향해 침공, 주민도 휘말려 살해되고 길가의 민가에는 불이 났다. 강포현성 점령까지 30여 명의 농민과 난민이 살해되었다. 더욱이 현성에서 포구에 이르는 길가의 농민과 어민 44명이 사상死傷했다. 더욱이 크고 작은 발동기 있는 배로 이루어진 수상부대(약 100명)가 서강구西江口(소항小港)을 습격, 농민·행상인·아이 30여 명을 살해, 상선 100여 척도 포격·파괴·소각되었다. 민선 수색 중에 발견된 부녀 십수 명이 배 안에서 윤간당했다(『강포현지』, 『강포 항일 봉화』).

2. 파상진군에 노출된 현성과 마을

도망칠 곳 없는 농민

광대한 남경전구의 현성과 마을에는 아직 수많은 주민이 거주하고 있었다. 남경 근교의 6현을 합하면 150만 이상으로 추측되는 주민 가운데, 남경공략전이 개시되고 일대가 전장으로 변해도 기차나 배, 자동차로 멀리 피란할 수 있는 주민은 거의 없었다. 각각의 현성이나 부락이 독립적으로 흩어져 있던 근교구에서는 라디오나 신문 등의 통신수단도 없어 일본군 내습의 정확한 정보가 전해지지 않았다. 또 가재도구나 재산을 가지고 멀리 이동하여 갈 수 있는 근대적인 교통수단도 전혀 없었다.

무엇보다도 농민에게는 지켜야 할 논과 밭과 집이 있었다. 게다가 중요한 재산이었던 말·소·노새·당나귀 등의 역축役畜과 식료원食料源이기도 했던 돼지·산양·양·닭·오리 등의 가축도 기르고 있었다. 그래서 집을 며칠이나 비울 정도로 멀리 피란할 수 없었다. 또한 10만이 넘는 일본의 대군이 계속 파상적으로 장기간에 걸쳐 진격해 오리라고는 예상도 하지 못하고 있었다.

제16사단 「상황보고」(12월 24일)에 "이번 작전 동안 병마兵馬의 급양은 현지에서 충당하는 것을 원칙으로 하고 더욱 신속한 기동에 응하도록 기획하며, 다행히 풍부한 자원에 의해 대체로 양호한 급양을 실시할 수 있었다"라고 총괄하고 있는 것은(『남경전사 자료집』), 진군 도중의 물자가 풍부한 도시·농촌에서 충분히 식량징발 = 약탈이 가능했다는 것이다. 즉, 농민이 멀리 피란하지 못하고 스스로 경작하여 생활을 영위하는 농촌지대에 침입했기 때문에 가축이나 농작물·저장 곡물을 약탈하여 먹고, 병사는 굶주림에 시달리지 않았던 것이다. 그리고 일본군은 자신들에게 식량을 공급해 준 농민을 살육하고 그들이 살던 집을 태워버렸던 것이다.

남경으로 향하는 일본군의 여러 부대가 군기이완에 의해 파괴욕이나 장난, 기분 전환으로 길가의 마을을 방화하며 진군했기 때문에, 살던 집이 불타버린 많은 농민들이 마을 주변에서 난민처럼 생활하고 있었다. 마침 부락을 소탕하러 온 일본군에게 발각되어 체포당하여 집단 학살되는 비극도 빈번히 발생했다.

중지나방면군이 포위섬멸작전으로 총 20만 가까운 군대로 포위 망을 형성하여 중심인 남경성을 향해 사단, 연단, 연대, 대대라는 각 규모의 부대단위로 파상적으로 진격해 갔다. 그 때문에 남경근교의 농촌지대에 살고 있던 민중은 마치 일본군이 던진 남경전구라는 거대한 그물 안에서 도망치려 하는 잡어 같은 운명에 처했다. 숭선당崇善堂이라고 하는 매장단체는 남경 교외의 수많은 유체遺体의 비참한 양상을 이렇게 기록하고 있다.

교외의 민중 중에 아직까지 다른 장소로 피란하지 못하고 난민구에도 들어가지 못한 자는 낮 동안에는 한 장소에 모여 서로 도우며 몸을 지키고 있었지만, 불행히도 일본침략자에게 발각되면 대다수가 피해를 입었다. 뒤에서 공격당해 쓰러져 있는 사람도 있고, 도망치던 도중에 화를 당한 자도 있다. 모로 누운 모습으로 칼에 찔려 피를 흘리고 있는 자는 살아 있던 중에 당한 것이다. 입이나 코에서 피를 흘리며 얼굴이 퍼렇고 다리가 부러져 있는 자는 다수의 인원으로부터 맞거나 차였던 것이다. 여자로 머리카락이 얼굴에 흩어져 있고, 유방이 드러나 있고, 가슴이 찔린 채 바지를 입고 있지 않은 자, 이들은 생전 모욕을 당한 자들이다. 또한 머리를 쳐들고, 눈을 부릅 뜬 채 입을 벌리고, 이를 악 물고, 손발이 쭉 뻗어 있고, 바지가 찢겨 있는 자는 난폭함에 저항하던 자였다. 비참하고 비참하다.

매일 밤이 되면 집단으로 멀리 도망친다. 목소리가 들리면 풀숲에 숨거나 밭두둑에 숨는다. 가장 위험한 것은 동이 트면 적이 높은 곳에서 멀리 내다볼 수 있기 때문에, 도망가다 발각되면 바로 총알이 날아든다. 그 중에 여자가 있으면 손으로 멈추라는 신호를 보내고 쫓아와 야수의 소행을 행한다. 말을 듣지 않으면 죽여 버리고, 말을 들어도 윤간한 뒤 죽인다. 멈추지 않고 가려는 자에게는 총알이 한층 더 심하게 쏟아져 죽는 사람이 점점 늘어난다. 그러므로 농촌의 조난자는 도시보다 많다.

(「남경시 숭선당리매장 활동일람표·부속문서南京市崇善堂理葬活動日覽表·付屬文書『중국관계 자료편』수록)

민중 살해의 황군

남경공략전에 있어 일본군은 상해전에서 철퇴하는 중국군의 추격섬멸전과 남경방위군에 대한 포위섬멸전이라고 하는 전법을 취했다. 투항병·패잔병·포로라고 해도 중국병사였던 자는(그렇게 생각되는 자도 포함하여) 섬멸, 즉 모두 죽여 버리는 것이었다.

헤이그 육전조약의 '규칙'에는 "제23조 [해적수단, 공위攻圍및 포격의 금지사항]에서 적국 또는 적군에 속하는 자를 배신 행위로 살해하는 것, 병기와 자위의 수단을 버리고 항복하는 적을 살해하는 것, 구명하지 않을 것을 선언하는 것"을 금지하고 있었음에도 불구하고 일본군은 무저항의 투항병·패잔병·포로를 모조리 살해했던 것이다.

이러한 잔적 소탕, 즉 패잔병으로 남은 자를 모두 죽인다는 전법은 패잔병이 일반 민중 사이로 도망친 경우에 민간인도 함께 살해하게 되었다. 일본정부·군부가 중일 전면전쟁의 구실로 '지나 응징'이라는 사상 자체가 천황의 군대 = 황군에게 굴복하여, 그 지배를 따르지 않는 자는 무력으로 징벌하여 토멸한다는 것이었다.

그것은 중국민중이 살아서 생활하는 장소에 침입하여 그들의 생활을 파괴해가면서 일본군에 대적하거나 혹은 협력하지 않는 민중을 항일로 보고, 더욱이 항일로 의심되는 것만으로 '응징'해 버리는 것이었다.

일본군에게 있어 남경근교구는 남경방위군의 진지선이 온통 둘러쳐져 각지에 산재한 거점에서부터 중국군이 공격해 오는 '적'의 진지 내에 있었다. 즉 남경전구戰區였던 것이다. 그 때문에 진격 도상에 있는 시가지나 부락이 공격과 소탕의 목표가 되고 포격과 파괴와 소멸의 대상이 되어, 농민도 시민도 '적지'의 민중으로서 쉽게 살육의 대상이 되기도 했다. 더욱이 상해, 항주만에서부터 전투와 살육을 반복해 온 일본 장병은 동료의 희생이 늘어남에 비례해 중국인에 대한 복수심, 적개심도 강해져 민중에게 위해를 가하는 것을 주저하지 않게 되었다. 중국민중들이 보면 마치 살인괴물로 '일본 괴물', '동양 괴물'이 되어갔다.

농촌에서는 또 강간이 다수 발생했다. 농촌지대는 부락이 고립되어 인가도 분산되어 있던 탓에 흙담이나 돌담으로 둘러싸인 농가의 집구조가 밀실상태로 되어있다는 것, 혹은 부녀자가 산야나 논밭으로 도망쳐 숨어 있는 곳이 발견된 경우에는 시가지나 도로와는 달리

심리적으로 성범죄행위가 일어나기 쉬웠던 것이다. 농촌에서 능욕당한 후 살해되는 강간살해가 많았던 것도 이와 같은 이유 때문이다. 다수의 여성이 성적치욕과 생명의 박탈이라고 하는 이중의 희생을 강요받았던 것이다.

파상진군의 피해

상해―남경 사이 및 남경전구에서 '남경 첫 입성'을 경쟁하며 전선부대가 각 사단의 선두부대나 주력부대, 후속부대 등으로 나뉘어 파상진격해 나갔던 것 외에, 그 뒤를 이은 보충원부대의 파상진군이 있었다. 그것은 상해에서 일본군의 손해가 막대했던 탓에 각 부대 모두 다수의 보충이 필요했기 때문이다. 이 때문에 연이은 보충원이 각 부대 별로 보내졌다. 이들 보충원부대는 전선에 도착하여 본대의 지휘 하에 들어갈 때까지 임시 편성되어서 제대로 된 지휘계통도 없고 군기 엄정도 없었다. 강남江南의 넓은 지역 및 남경전구의 현성과 농촌이 이러한 보충원 집단사태 같은 파상진군의 위해에 노출되었던 것이다.

제13사단의 야마다山田 지대(지대장 야마다 센지山田栴二 소장) 보병 제65연대(연대장 모로즈미 교사쿠両角業作 대령)의 경우에는 상해에서의 손해가 컸기 때문에 9월 최초의 동원 이래 11월까지, 1차에서 4차까지의 보충이 실시되어 각 차의 보충원부대가 문자 그대로 파상적으로 남경 진군하고 있었다. 우선 이 연대의 전선부대 병사의 일기를 발췌하여 소개한다.

호리코시 후미오堀越文雄 진중일기陣中日記

[10월 6일] 귀가하여 동쪽으로 가서, 지나인 여자아이 포로가 있어 총살했다. 잔혹하지만 이것이 전쟁이다.

[11월 9일] 포로를 끌고 가 아부라자油座씨가 죽였다. 밤에 근처의 여자 2명, 아이 1명도 찔러 죽였다.

[11월 16일] 오후 6시경 한 부락을 발견하고 그곳에 머물렀다. 다카하시高橋 소위님과 후지이藤井 상등병과 나 셋이서 징발한 오리와 닭, 전부 8마리를 잡아 저녁으로 먹었다. 밖에 있는 돼지 한 마리는 기름과 설탕, 소금으로 익혀 점심식사 반찬으로 했다.

[11월 20일] 어젯밤까지 완강하던 적도 지금은 퇴각하여 여기저기에 패잔병이 남아 있다. 어떤 부락에서 정규군正規軍을 발견하고, 나를 시작으로 이들의 목을 뺐다. 완전히 규정대로의 방식이었다. 칼날이 조금 무뎌졌다. 애석하지만 평정심을 갖고 사람을 벨 때의 기분이 생각나지 않아, 나 스스로 놀란 마음을 진정시키고 서서아西徐野에서 하루 묵었다.

적은 거의 퇴각하고 남은 사람에게는 일을 시키거나 총살, 참수 등을 행했다. 분노의 기분은 들지 않았고, 분발하고 싶지도 않았

다. 피를 보아도 평정심을 잃지 않는다. 이것은 즉 전장심리 같은
것이다.

[11월 22일] 닭을 징발하러 나갔다. 샛강을 지나는 지나인 배를
전부 세워 모조리 뒤진 후 그것을 타고 건너편 연안에 이르러, 창
치우(중국 술) 한 병을 얻어 돌아왔다. 닭은 대략 10마리 있었다.
점심식사를 했다.

(『남경대학살을 기록한 황군병사들』)

당시의 「육군형법」(1908년 제정)에는 "제9장 약탈의 죄"에 "[제86
조] 전지 또는 황국군의 점령지에서 주민의 재물을 약탈하는 자는 1
년 이상의 유기징역에 처한다. 전항의 죄를 범하고 부녀를 강간했을
때에는 무기 혹은 7년 이상의 징역에 처한다"라고 명기되어 있다. 식
량이나 가축도 중국주민의 재물이기 때문에 중지나방면군이 각 부대
에 식량 현지징발=약탈을 강요한 것 자체가 육군형법을 위반한 행위
의 강요였다. 방면군 사령부가 군기를 이완시키는 요인을 만들었던
것이다.

더욱이 이 법은 약탈행위가 용이하게 강간의 범행에 미치는 것을
상정하고 있다. 그런 의미에서도 강간 등의 범죄행위를 유발하는 현
지징발을 작전행동으로 시행한 중지나방면군 사령부의 책임은 크다.

다음은 제4차 보충원부대로서 11월 22일에 회진약송시會津若松市
를 출발하여, 12월 3일에 상해의 오송吳淞에 상륙하여 남경으로 향한

병사의 일기다.

다이지 다카시大寺隆 진중일기

[12월 4일] 병대는 힘차게 시가지를 활보하며 여러 가지를 징발했다.

[12월 8일] 도중 8시경 냐(중국인을 멸시하여 부르는 호칭)를 잡아 오타니大谷씨와 둘이서 한 명의 냐에게 짐을 지게 했다. 30분 걷고 5분씩 쉬며 왔기 때문에 꽤 본대에서 멀어졌다. 냐는 힘도 있고 걸음도 빨랐다. 건빵을 주니 아주 기뻐했다. 부대와는 싱딩히 떨어졌다고 생각하여 오타니씨와 둘이서 낮잠을 잤다.

[12월 9일] 도중에 냐를 붙잡아 무석無錫에 10시 도착. 무석으로 올 때까지의 부락에서는 병대가 숙영하고 있는 듯하다. 화재라도 난 것인지 하늘이 빛나고 있었다. 불을 지르는 곳도 있었다. 아주 가깝게 보였다. 오늘은 휴양休養이다. 오후부터 성내로 징발하러 가서 길을 잃어버려 5시쯤 간신히 기무라木村 상등병과 둘이서 돌아왔다.

[12월 10일] 모두 냐를 고용하고 있기 때문에 1개 중대가 배가 되었다. 오늘은 지나인과 병대가 반반이다. 청양진靑陽鎭의 시가지는 아직 화재가 일어나고 있어 전쟁의 흔적이 생생하다.

[12월 14일] 식량은 오늘부터 없다. 지방에서 징발하지 않으면 안 된다. 제4중대는 징발중대다.

[12월 16일] 징발대로써 오전 7시 20분 정렬, 7시에 일어났기 때문에 당황하여 밖으로 나갔다. 도중에 길을 잘못 들어 반 정도 반대 방향으로 갔다. 돼지나 쌀, 감자류, 징발할 물건이 많아 징발이 용이. 오후 2시 반 동류진東流鎭에 도착. 용탄龍潭에서 약 4리, 시가지에 도착하여 숙소를 결정하자 징발을 서둘러 부대가 도착하기 전 징발을 끝냈다. 쌀, 두부, 팥, 설탕, 돼지, 감자, 물고기, 야채 등 부대도 또 여러 가지를 징발해왔다. 분대에서는 돼지, 야채, 쌀, 닭, 감자 등을 징발해왔기 때문에 오늘 밤은 호화로운 식사였다.

(『남경대학살을 기록한 황군병사들』)

위의 일기에서 보충원부대가 중국인을 맘대로 징용하여 하역이나 잡역을 시키고, 보급이 없는 채로 각자의 부대가 식량의 징발＝약탈을 반복하며 임의집단으로 남경을 향해 갔다는 것을 알 수 있다. 이들 보충원부대는 때때로 만나는 중국군의 패잔병과 전투도 했지만, 그보다 행군 도중에 있는 마을들을 침공해 잔적 소탕, 패잔병 사냥이라는 명분 아래 부락소탕이 주요한 군사행동이 되었다.

병사의 진중일기는 일본으로 귀환했을 때 엄격한 검열을 받았기 때문에 위의 일기에는 잔학행위는 기술되어 있지 않지만, 일반적으로 보충원 집단은 지휘체계가 없었기 때문에 전선부대보다도 군기가 이완되어 부락소탕 중 약탈, 방화, 강간, 살해 등의 잔학행위는 전선부대보다 더 심했다. 그 사례를 다음과 같이 소개한다.

학살의 마을 – 탕산진湯山鎭 허항촌許巷村

강녕현의 북단에 상해에서 남경으로 가는 간선도로를 달리면 탕산진(일본군의 자료는 '탕수진湯水鎭'으로 표기)이 있다. 허항촌은 그 탕산진에 속하며 도로를 따라 약 200호의 농가가 이어져 있는 촌락이었다. 이 마을이 보충원부대의 파상진군에 의해 희생되었다. 이하는 혼다 가쓰이치本多勝一가 양친과 형제가 살해된 진광수陳光秀씨(당시 20세)로부터 들은 사실이다.

12월 10일 새벽에 일본군의 선두부대가 마을에 나타났다. 통신병 같은 일본병사가 그때 농사일을 하고 있던 진광수씨의 아버지에게 다가와서 무언가 일본어로 말을 걸었지만, 알아듣지 못해 가만히 있자 갑자기 권총으로 쏴 버렸다. 비틀거리던 아버지를 일본병사가 쓰러뜨려 가슴을 찔러 즉사시키고 그대로 가 버렸다. 이러한 곳에서는 안심하고 있을 수 없었기 때문에 마을의 젊은 여성은 모두 바로 피란하게 되었다. 진광수씨는 언니, 여동생 그리고 올케언니와 함께 걸어 마을에서 2시간 거리에 있는 산속에 숨었다. 진광수씨 등이 산에서 마을로 돌아왔을 때 그녀의 오빠는 일본병사에게 연행되어버렸다.

산으로 피란한 광수씨와 여성들이 마을에 돌아온 것은 14일이었다. 다음날 15일, 마을 사람들이 모여 일본군이 마을에 나타났을 때를 대비해 대응방법을 의논했다. "환영 대일본"이라고 쓴 깃발

을 들고 마중하면 집도 불타지 않고 학살도 당하지 않는다는 소문을 들었기 때문에 그 준비를 했다. (략)

16일 오후, 마을을 벗어나 망을 보러 나갔던 친척 아저씨가 "일본군이 왔다!"고 소리쳐 마을에 알렸다. 미리 합의한 대로 마을의 남자들은 "환영 대일본" 깃발을 몇 개나 내걸고 마을의 양쪽에 줄지어서 마중했다. 광수씨는 침대 밑에 숨어 그 앞에 나무 거름통(비료를 옮기는 통)을 두었다. (략)

밖은 어수선했지만 숨어 있기 때문에 무슨 일이 일어나고 있는지는 알지 못했다. 잠시 후 광수씨의 집 문간에 있는 돌에 앉아있던 통칭 '소로태蘇老太'라는 40세 정도의 여성이 일본병사에게 붙잡혀 집 안으로 끌려 들어왔다(광수씨는 "나는 나이 먹은 사람이기 때문에 괜찮다고 그녀는 방심하고 있던 것입니다. 당시 40세면 이미 많은 나이이고 50세면 죽어도 이상하지 않은 나이였습니다"라고 했다). 두세 난간 떨어진 집에 살고 있는 소인발蘇仁發의 부인이다.

그 일본병사는 광수씨가 숨어 있던 침실에 소씨 아주머니를 밀어 넘어트렸다. 일본병사의 다리와 가죽신이 보인다. 너무 무서운 나머지 소씨 아주머니는 말도 나오지 않는 모양이었다. (략)

마을 사람들이 '환영 대일본'이라고 쓰인 깃발과 함께 마중 나와 있는 곳에 도착한 일본군은 환영에 응하기는커녕 그 깃발을 빼앗아 근처 풀 더미에 꽂으며, 남자들을 세워 놓고 여러 가지 검사를 했다.

모자를 쓴 흔적 끝 등을 보고 병사인지 아닌지를 조사한 것 같지만 결국은 멋대로 병역 연령에 상응한다고 판정한 젊은이가 전부 100명 정도 되었다. 그 중에 남동생인 진광동(陳光東, 16세)도 있었다. (략)

일본군은 약 100명의 청년들을 조금 떨어진 도로변 논으로 연행했다. 살해되는 것은 아닌지 노인들이 걱정하며 뒤를 따랐다. 그러자 일본군은 돼지나 닭을 징발하는 것에 응하게 하고 제각기 집으로 돌려보냈다.

논으로 연행된 청년들은 서로 마주보며 무릎을 꿇은 모습으로 2열로 늘어섰다. 그 주변을 둘러싼 일본군은 총검으로 일제히 척살했다. 죽지 않으면 몇 번이나 찔려 "살려주세요!"라고 소리 지르는 청년도 있었다. (략)

집단학살이 행해졌던 것은 오후 4시경이었다. 여자들은 집에서 침대 아래 등에 숨어 있었다. 오후 5시경에 '심沈'씨 부인(35, 36세)은 남편이 걱정되어 상태를 보러 학살현장 근처에 있는 '사史'씨의 집으로 갔다가 거기서 참극을 알게 되었다. 남편과 시동생이 살해된 것을 보고 그녀는 소리쳐 울며 밖으로 나왔다. 그곳에 있던 일본병사가 그 광경을 보고 학살현장 가까운 연못 근처로 연행하여 강간하고 살해했다. (략)

광수씨의 어머니는 아이를 9명 낳았지만 남자아이만 4명이 죽었고, 생존해 있는 5명 중에 광동光東은 마지막 남자아이였기 때문에 특별히 귀여워했다. 그 광동도 남편도 살해됐기 때문에 너무 슬픈 나머지 발광상태가 되어 심야에 밖으로 나가 큰 소리로 소리 지르거나 지치면 길가에서 자버리기도 했다. 머리에 종기가 생겨 이듬해 봄 죽었다.

(혼다『남경으로의 길』. 또한『강녕현지江寧縣誌』에도
이 허항마을許巷村의 학살사건이 기록되어 있다.)

농민들에게 있어서 불행이었던 것은 일본군에 군기가 흐트러진 여러 부대가 있었다는 것이다. 건실한 지휘관이 있는 부대는 비전투원을 살해하지 않는다는 군율을 지키고 있었다. 허항마을의 주민이 들은 소문이라는 것은 그렇게 마을 주민에게 위해를 가하지 않은 부대 이야기였다.

마을주민이 일본군은 어느 부대나 같을 거라고 생각하여 대응했던 것이 비극이 되어 버렸다.

Ⅳ 남경함락
— 철저한 포위섬멸전

남경성내 중산로에 모였던 중국군 투항병들. 촬영한 특파원은 '피란민에
섞여 도망치려 하던 5~6천 명의 정규군'이라고 설명하고 있다. 오른쪽
앞에 일본군 야전헌병의 모습이 보인다. 마이니치신문사제공

▌남경성 주요 지도▐

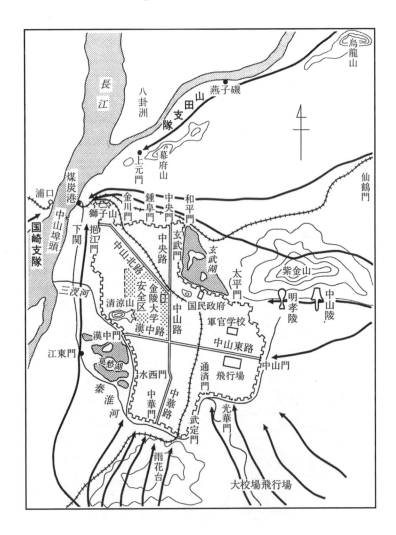

1. 공격에 노출된 남경성

남경성을 사수하다

중지나방면군의 제10군과 상해파견군이 독단전행하여 오지로 진공을 금한 제도선을 돌파하여 남경으로 진격을 개시했을 때 국민정부군사위원회(위원장·장개석)는 남경에서 최고국방회의를 열어(11월 15~18일) 국민정부의 중경重慶으로의 천도 결정과 함께 남경방위작전 방침을 결정했다.

남경방위 태세를 둘러싸고 장개석과 다른 고급막부와의 사이에 의견 대립이 있었다. 장개석은 3개월에 걸쳐 상해방위군에 국민정부군 총 병력의 3분의 1에 해당하는 약 70만병의 병력을 투입했다. 더구나 정예부대의 대부분을 투입했다. 그 결과 전사자도 25만 명 전후라고 말할 정도로 막대한 수가 되었다.

중국군이 받은 손해의 심각함으로 말하면, 수도 남경을 방위할 수 없는 것은 분명했다. 수도를 사천성四川省으로 옮기고 장기항전의 태세를 갖추는 것에 대해서는 회의 참가자의 이론은 없었다. 하지만 명목적인 저항을 하면서 나머지는 자발적으로 철수하는 작전과, 수도 남경을 적어도 일정기간 절대 고수(사수)한다는 작전 중에서 어느 것을 선택하느냐로 대립했다.

전자는 군사위원회 참모총장 하응흠何応欽, 참모차장 백숭희白崇禧, 군령부장 서영창徐永昌 등 많은 막료들의 의견이었다. 상해전 이후에는 일본군에 대한 지구전을 원칙으로 하며, 한 도시의 득실로 다투어서는 안 된다는 것, 상해전에서 상실한 중국군의 전투력을 회복하려면 상당한 기간에 걸쳐 후방에서 군대를 보충·훈련할 필요가 있다는 것, 남경은 지형적으로도 방위가 곤란한 도시라는 것 등이 그 이유였다. 이에 대해 후자를 주장하며 양보하지 않았던 것이 군사위원회 위원장인 장개석이었다. 남경은 중국의 수도이기 때문에 세계의 주목을 받고 있고, 또 그 실함失陥은 국민의 심리에 중대한 영향을 미친다는 것, 남경에는 국부인 손문孫文의 능묘(자금산에 있는 중산릉中山陵)가 있어 적의 손에 더럽혀져서는 안 된다는 것 등이 그 이유였다.

장개석이 '단기고수'를 고집했던 것은 때마침 진전을 보인 트라우트만 화평공작에 강한 기대를 걸었고, 더욱이 벨기에에서 개최 중인 브뤼셀회의에서 대일제재 조치가 결정되는 것에도 기대를 걸고 있기 때문이었다. 구미열강으로부터 항전 중국으로의 무기·재정 원조, 그에 더해 침략국 일본에 대한 군사·경제제재나 군사간섭을 이끌어내기 위해서는 중국의 항일전력抗日戰力을 해외에 보이지 않으면 안 된다는 것이 장개석의 일관된 항일전략이었다. 게다가 과거에 몇 차례 정치실각을 경험해 온 장개석에게 수도 남경의 손실은 국민정부의 최고책임자인 자신의 인책문제로 이어져, 겨우 쌓아올린 정권 최고의 자리를 잃게 될 것이라는 우려도 있었다.

국방회의 마지막 밤에 장개석은 많은 막료들의 반대를 무릅쓰고 남경 고수작전을 결정한다. 그러나 남경방어군 사령장관의 인선을 두고, 고급막료 중에 적당한 사람이 없어 회의장에 비관적인 분위기가 흘렀다. 무거운 침묵을 깨고 입후보한 사람은 군사위원회 상무위원인 당생지唐生知였다. "위원장님, 혹시 책임을 질 사람이 달리 없다면 제가 감히 그 어려움에 부딪쳐 보겠습니다. 저는 남경을 강력히 사수하고 남경성과 생사를 함께할 각오입니다." 장개석은 뜻하지 않게 당생지를 남경방위전의 최고지휘관으로 결정했지만 당생지의 사령장관 임명은 남경사건에서 중국병사가 막대한 희생을 치르는 원인이 되었다(송희렴宋希濂 「남경수성전역친역기 南京守城戰役親歷記」).

당생지는 지방군인 호남군湖南軍의 군관 출신으로, 과거 두 번 정도 반反장개석전쟁에 참가한 적도 있어 국민정부 내에서는 비주류파에 속했고 계속 홀대를 당해왔다. 정부·군내의 확고한 세력기반도 없었다. 그런 그가 국방회의에서 아무도 장개석의 고수작전을 지지하지 않는 것을 보고 타고난 야심과 공명심으로 남경방위군 사령장관에 나선 것이었다. 그때 47세였던 당생지는 여름에 아메바 이질을

앓았다가 이제 막 완쾌된 몸이었기 때문에 나이보다 훨씬 늙어보였다고 한다.

남경방위군 사령장관 당생지와 중지나방면군 사령관 마쓰이 이와네는 침략한 쪽과 방위하는 쪽으로 입장은 반대였으나 사령관으로서 두 사람은 공통점을 가지고 있었다.

첫째로, 항공기, 군함, 전차까지 투입한 근대병기와 대부대에 의한 대도시의 공방전을 지휘한 경험과 실력이 너무나 결여되어 있었다.

둘째로, 그 때문에 당생지는 포위섬멸작전을 취한 일본군의 대규모 남경공략전을 예상하지 못했으며 마쓰이는 중국의 항전력을 경시하여 남경 점령과 국민정부의 항복을 쉽게 생각했다.

셋째로, 당생지는 비주류파 막료로 한직에 있었고, 마쓰이는 현역 대장에서 물러나 오랜 기간 예비역으로 있었기 때문에 두 사람 모두 야심과 공명심은 보통사람의 배 이상으로 강했다.

넷째로, 상기의 이유에서 두 사람 모두 휘하의 사단장급의 고급지휘관들로부터 신뢰와 존경을 받지 못했고 사령장관에게 필요한 실력과 권위도 갖추지 못했다. 그 때문에 휘하의 지휘관에게 불신과 불만 또는 반감을 갖게 하여 지휘계통에 불통일과 불철저를 초래했다.

다섯째로, 두 사람 모두 병약한 몸으로, 과도한 긴장 지속과 불규칙한 수면·생활을 강요당하는 전장의 사령장관에는 부적합했다. 당생지는 병에 대한 염려로 사령장관부를 자신의 관저에 두었기 때문에 전군의 지휘에 큰 지장을 초래하여, 남경방위군의 참극을 키웠다. 마쓰이는 야전사령부에서 자리보전하는 날이 많아 남경공략전의 절정인 12월 5일부터 15일까지 소주蘇州(남경에서 약 220킬로미터 동쪽)의 사령부에서 와병으로 체류하고 있었기 때문에(『군무국장 무토 아키라 회상록』, 「마쓰이 이와네 대장 진중일기」) 남경성 점령 직후에 필요한 상황파악에 따른 신속한 통제지휘가 불가능하게 되었다.

일본에서 마침 대본영이 설치되었던 11월 20일, 장개석은 수도의 중경重慶 천도를 선포함과 동시에 남경방위군 사령부 편성과 방위군 배치 명령을 내리고 남경성 복곽진지(남경성 주위에 이중 삼중으로 둘러쳐진 진지)의 진지공사 개시를 명해, 남경은 분주히 방위전투 준비를 위해 움직이기 시작했다.

급증·급조의 방위군

장개석은 당초 약 7만 명의 남경방위군 배치를 계획했지만, 남경 공략을 준비하는 일본군이 예상외로 빠른 것과, 중지나방면군 그 자체가 수차례에 걸친 증원부대의 파견으로 눈덩이처럼 불어나 총 20만 가까이까지 증강되어가는 상황에 동요하여 위기감을 자아냈다. 더욱이 장개석은 브뤼셀회의에서 결국 대일제재를 결정하지 않았기 때문에 그 다음으로 트라우트만 화평공작에 기대를 걸고, 일본 측이

제시한 화평조건 수용의 준비를 트라우트만에게 전함과 동시에 일본과의 정전·화평을 실현하기 위해서도 남경의 조기함락을 저지하는 것이 불가결하다고 생각했다. 그에게는 또 남경방위를 1, 2개월 유지하면 국제정세가 크게 바뀌어 중국이 위기를 넘길 것이라는 막연한 기대감도 있었다. 거기서 장개석은 남경 근교구＝남경전구에 군대를 급히 증파하고 남경 주변 진지를 확고히 하려 했다. 상해전으로부터 퇴각 중인 만신창이가 된 부대 대부분이 긴급히 이동, 배치되었지만 장병의 과반을 잃은 부대가 많았기 때문에 급하게, 실제보다 부풀려 병대 보충이 이루어졌다. 그 때문에 농촌에서 갑작스럽게 대량 징용된 청장년이 신병으로 보내졌다.

하지만 중국에는 일본처럼 정비된 병역제도가 없었기 때문에 예비역병·후비역병과 같이 바로 전투에 쓸 수 있는 병력은 없었다. 징용되어 온 성인남자들은 무기 사용법도 모르는 전쟁 초보자였다. 남경방위군 신병들은 먼저 진지에 배치되고 나서 무기를 다루는 법이나 사격훈련 등의 교련을 받았다. 대량 보충된 신병들은 병대로서 자각적·조직적으로 작전행동을 하지 못하여, 지휘관이 없어져 부대의 지휘계통이 일단 무너지면 후에는 오합지졸에 지나지 않는 존재가 될 위험도 있었다. 남경사건에서는 대부분 이런 신병들이 희생되었다.

12월 4, 5일에 걸쳐 제16사단(교토)과 제9사단(가나자와金沢)은 구용현으로, 제114사단(우쓰노미야宇都宮)은 율수현으로, 제6사단(구마모토

熊本)과 구니자키国崎 지대는 고순현으로 돌입해 남경전구에서의 전투가 개시되었다.

이 단계에서 남경방위군의 총수는 전선부대·후방부대 및 잡병과 군부(진지공사·토목공사를 위한 인부)를 포함하여 약 15만에 달했다(방위군 수에 대해서는 후술한다). 이것을 육지에서는 총 20만에 가까운 일본군이 파상진군의 형태로 포위하고, 하늘에서는 지나 방면함대(하세가와 기요시 사령장관) 항공부대의 제1공습부대(지휘관 미쓰나미 데이조三竝貞三 소장, 제2연합항공대와 제1연합항공대 상해파견대로 편성)가 남경으로 향해 양안両岸의 요새와 포대를 공격하면서 진격을 시작했다. 그야말로 육陸과 공空과 강川으로부터의 철저한 포위섬멸전이 개시된 것이었다.

중지나방면군과 지나방면함대에 의한 남경전구 대 포위망 안에는 남경방위군 외의 근교구에 100만 이상의 주민과 난민, 남경성구에는 40~50만 명의 시민과 난민들이 아직 거주하거나 혹은 피란해 있었다(인구수 문제는 후술한다). 이러한 방대한 민중도 일본군의 포위섬멸전의 위험에 노출되어 그 희생을 당하게 되었다.

장개석 부부의 남경탈출

12월 6일까지 일본군은 남경 외주 방어진지를 거의 점령하고, 전선부대는 남경성 복곽진지를 향해 공격을 개시했다. 이즈음에는 남경성도 일본군 포탄의 사정거리에 들어왔다. 제1공습부대의 제2연합 항공대는 12월 3일에 상주常州에 전진기지를 열고, 이 부대의 약 반의 항공 병력을 이주시켜 이 기지에서 출격하여 격렬한 폭격을 연일 남경성내에 퍼부었다. 남경 고수작전 지휘 견지를 고집하던 장개석도 자신의 생명이 위협당하는 전황에 놓였기 때문에 측근으로부터 강하게 설득당해 겨우 남경탈출을 결의한다. 마지막 날 밤 6일, 장개석은 남경방위군의 사장師長(일본의 사단장에 해당) 이상의 고급지휘관을 한 자리에 모아 "남경을 사수하고 있으면, 이미 출동을 명령해 놓은 운남雲南의 신예부대를 몸소 이끌고 일본군의 포위를 격멸할 작전이다" 라고 북돋우며 격려했다. 당생지 사령장관도 이를 받아들여 "나는 남경과 운명을 함께할 것을 맹세한다. 수도를 지키기 위해 기꺼이 희생하겠다"라고 비장한 어투로 남경사수 결의를 표명했다.

다음 날 7일 날이 밝기 직전, 장개석 부부는 하늘이 밝아지기를 기다려(일본군기가 출격하기 전에) 측근과 함께 미국인 조종사가 조종하는 두 대의 대형 단엽기單葉機를 타고 남경을 빠져나갔다. 남경의 방위진지 구축을 지도한 폴켄하우젠을 단장으로 하는 독일 군사고문단도 이때 몰래 남경을 떠나 한구漢口로 향했다. 그리고 나서 하루 이틀 사이에 국민정부 군정의 요인, 또한 남경시장을 시작으로 남경시정부의 요인들도 전부 남경을 탈출했다.

공문空文이 된 '주의사항'

　장개석 부부가 남경을 탈출한 그날, 남경함락도 얼마 남지 않았다고 생각한 중지나방면군 사령부는 「남경성 공략요령」「남경 입성후의 처리」「남경성 공략 및 입성에 관한 주의사항」을 하달했다. 이것들에는 남경성 점령 후 각 사단의 주력은 성외구역에 주둔시키고 성내에는 일부의 군기軍紀 엄정한 선발된 부대만을 들일 것이 명기되어 있었다. 이하에 서술하는 「남경성 공략 및 입성에 관한 주의사항」이 철저히 준수되었다면 남경사건은 일어나지 않았을 것이다.

　하나, 황군이 외국의 수도에 입성하는 유사이래의 성사를 앞두고, 오래도록 역사에 남겨야 할 업적으로 전 세계가 주목하는 대사건이 될 것을 감안해 정정당당하게 장래의 모범이 될 마음가짐으로 각부대의 난입亂入, 우군友軍과의 싸움, 불법행위 등이 절대 일어나지 않도록 한다.

　하나, 부대의 군기풍기를 특히 엄숙히 하고, 지나군민으로 하여금 황군의 위풍에 존앙 복종하게 하고, 적어도 명예를 훼손하는 것과 같은 행위가 절대 없도록 한다.

　하나, 입성부대는 사단장이 특별히 선발하기로 하고, 미리 주의사항 특히 성내 외국권익의 위치 등을 철저하게 파악하여 절대로 과오가 없도록 하며 필요하면 보초를 배치한다.

하나, 약탈행위를 저지르고, 또 부주의로라도 불을 내는 자는 엄벌에 처한다.

군대와 동시에 다수의 헌병, 보조헌병을 입성시켜 불법행위를 적발하게 한다.

(『남경전사 자료집』)

공교롭게도 위의 주의가 모두 깨졌기 때문에 황군의 남경 입성은 완전히 반대의 의미로 '전 세계의 주목'을 받아 '오래도록 역사에 남을 업적'이지만, 오명을 후세에 전하는 결과가 되었다.

근대전에서 군대가 일반시민이 주거하는 도시를 공략·점령할 경우에는 비전투원에게 위해가 가해지는 것을 방지하기 위해 진주병력을 제한하거나 하여 전장에서 '살육자', '살인마'로 변한 무장병사와 일반시민의 접촉을 줄이고 불상사가 발생하지 않도록 조치를 취하는 것은 지휘관의 철칙이다. 중지나방면군 사령부가 위의 「주의사항」을 하달한 것은 그 위험성을 알고 있었기 때문이다. 다시 말하면 남경으로 진격시킨 상해파견군의 군기이완을 잘 알고 있었기 때문이라고 할 수 있다. 중지나방면군 사령부가 남경 입성 후의 불법행위 발생을 예지하여 「주의사항」을 하달하였음에도 그것을 철저히 주지시키지 못하고 모두 깨버린 것에 대한 '부작위'의 책임은 크다.

상해파견군에게는 이미 12월 5일 시점에서 "중지나방면군으로부터 남경 입성은 역사적으로 자랑할 만한 사항이므로 어떤 이유에서도 각 사단이 각각 입성하는 것을 금하는 통제선을 지시한다"라고 하는 주의사항이 하달되었다. 이이누마 마모루 참모장도 "군이라고 해도 성벽에 일장기를 꽂는 것을 금하고 부대를 성내로 들어가지 않도록 통신을 보내다"라며 그것을 준수할 것이라는 회답을 하였다. 그런데 12월 7일 현지 책임자인 아사카노미야 상해파견군 사령관은 "설령 방면군이 뭐라고 해도 후에 전사적으로 봤을 때 정당하다고 판단될 만하게 행동할 것"을 이이누마 참모장에게 전하고, "남경공격의 통제선 같은 것은 굳게 지킬 필요는 없다"라고까지 단언하며 거리낌이 없었다. 게다가 9일 중지나방면군의 쓰카다 참모장이 직접 상해파견군 참모부를 방문하여 남경 입성(공략)을 통제하는 방법에 대해 「주의사항」을 철저하게 주지해 줄 것을 당부하기 위해 왔지만 "평상시의 기분이 농후하기 때문에 군사령관 전하의 마음에 들지 않았다"라고 되어 있다. 이렇듯 아사카노미야 상해파견군 사령관은 방면군의 통제에 따라 휘하의 각 사단에게 준수시킬 의지가 없었던 것이다(「이이누마 마모루 일기」). 이렇게 해서는 「주의사항」이 공문空文이 될 수밖에 없었던 것은 당연하다고 할 수 있다.

그러나 「주의사항」이 공문화 된 근본원인은 상궤를 면한 무모한 남경공략작전 그 자체였다. 방면군 사령부는 말의 고삐에 해당하는 법무부를 갖추고 있지 않았기 때문에 '군대와 동시에 다수의 헌병, 보조헌병을 입성시켜 불법행위를 적발한다'고 해도 그를 제재할 만한 헌법부대를 갖고 있지 않았다. 12월 7일 단계에서 총 7만 이상의 일본군이 성내로 들어왔음에도 헌병은 고작 17명에 불과했다. "약탈행위, 실화(방화라면 더더욱)를 엄벌에 처한다"고 금지하면서도 식량보급이 되지 않아 징발＝약탈을 행하게 한 것은 사령부였다. 엄동설한에 방한·야영 장비도 없이 진군을 강요했기 때문에 병사의 실화와 방화를 유발시킨 것도 사령부의 책임이었다.

그런데다가 중국군이 강행한 '청야작전淸野作戰'은 한층 더 약탈행위를 부추기는 것이 되었다. '청야작전'이란 침공해 오는 일본군의 방패막이로 사용될 가능성이 있는 건물을 모두 소각해 버리는, 즉 소야원燒野原 작전이다. 이 작전은 중지나방면군이 「주의사항」을 하달한 바로 그날(7일)부터 시작되어 9일까지 계속되었다. 중국군은 남경성벽 주위 1~2킬로미터에 있는 주거구 전역과 남경성에서 반경 16킬로미터 이내에 있는 도로를 따라 부락과 민가를 강제로 태워버렸다. 이 작전으로 사는 집을 소실당한 많은 농민과 시민이 아주 조금의 가재도구와 식량을 가지고 성내의 남경 난민구(남경 안전구. The Nanking Safety Zone)로 쇄도한다.

'청야작전'결과 식량 약탈과 민가 숙영을 원하는 중지나방면군의 여러 부대는 성외구역에 주둔할 수 없어, 「주의사항」에서 엄금된 성내 주둔을 할 수밖에 없게 되었다. 수만의 군대에 의한 식량 물자의 약탈이 성내에서 이루어지게 되었다. 또 도로를 따라 농촌이 소실되었기 때문에 여러 부대의 식량징발 행동은 더욱 폭넓게 오지의 농촌에까지 파급되어 그만큼 농촌의 피해지역이 확대되었다.

남경성 최후의 공방전

12월 8일 일본군은 남경성을 뒤덮듯이 포진된 조룡산鳥龍山—막부산幕府山—자금산紫金山—우화대雨花台의 복관진지複廓陣地로 접근하여 남경성의 공전을 완성했다. 다음 날 9일 저녁, 남경방위군에게 "일본군은 저항자에게 대해서는 준열하게 관용을 베풀지 않지만, 무고한 민중 및 적의가 없는 중국 군대에게는 관대함으로 이를 범하지 않는다"라고 하는 「투항권고문投降勸告文」(일본어와 중국어)을 대일본 육군 총사령관 마쓰이 이와네 이름으로 일본 군기軍機에서 성내 8개소에 투하했다.

다음 날 10일 중지나방면군 참모부장 무토 아키라 대령과 중지나방면군 참모 나카야마 야스토中山寧人 소령은 통역관을 데리고 중산문—구용 도로에서 오후 1시까지 투항권고의 회답을 기다리고 있었지만 중국 측의 군사軍使는 오지 않았다(남경전사 편집위원회편『남경전사』).

투항권고를 거부한 남경방위군 사령관 당생지는 그날 오후 7시 "본군은 복곽진지에서 남경고수 최후의 전투에 몰입했다. 각 부대는 진지와 존망을 함께 하기로 결심하고, 사수하기 위해 전력투구하라"고 하명하고 지령 없이 조금이라도 진지를 포기·철퇴한 것은 군법에 근거해 엄벌에 처한다고 전했다. 더욱이 각 군이 확보하고 있는 배편은 모두 일률적으로 운송사령부가 접수·관리하도록 명하고 멋대로 구류하는 것을 금지했다. 그리고 송희렴宋希濂의 제36사단에 명령해 장강長江연안을 엄중히 경비하고, 사령장관부의 허락 없이는 모든 부대의 도강渡江을 엄금했다. 또 헌병과 경찰에 대해서도 "대오隊伍를 이탈한 군인들이 제지에 응하지 않고 도강하려고 했을 때는 무력으로 저지하라"고 명했다.

"난경성과 생사를 같이 한다"고 단언했던 당생지唐生智의 각오를 나타내는 엄명이었다. 도강 수단을 스스로 단절시켜 말 그대로 '배수진'을 깔려 했던 것이다. 그러나 이 엄격한 「사수작전死守作戰」 조치는 마지막에 큰 비극을 낳게 된다.

한편 이에 대해서 마쓰이 방면군 사령관은 오후 1시 소주蘇州 방면군 사령부에서 "상해파견군 및 제10군은 남경성 공략을 속행하고 성안을 소탕해야 한다"(중방작전명령中方作命 제34호)며 남경성 총공격을 하명했다(『남경전쟁 역사자료집』). 육군의 총공격과 함께 해군 항공대의 폭격도 격렬함을 더했다. 이렇게 10일 오후부터 12일에 걸쳐 밤낮을 가리지 않고 장렬한 남경성 공방전이 전개되었다.

오보에 동요하였던 국민

12월 11일 오후 남경성의 수서문水西門·한중문漢中門 서쪽 습지대에서 한 중대의 소대장이 두 명이나 전사했다. 그 정도로 고전을 면치 못하던 제6사단(구마모토 態本·사단장 다니 히사오 谷壽夫중장)보병 제45

연대 마에다 요시히코前田吉彦 소위는 보병 제36여단으로부터 무선전화로 전해진 라디오·뉴스를 듣고 놀랐다. 일본 국내 곳곳에서 남경함락 승보로 축하의 만세 소리가 들끓고, 등불행렬이 이어졌던 것이다. "이 뉴스를 들은 그 시각에 남경 수비군은 여전히 완강하게 저항을 계속하고, 상공에는 고사포 탄막이 끊임없이 이어지며 성벽부근 또한 포연에 덮여 끊임없이 총소리가 들리는 것은 도대체 어떻게 된 일인가? 남경함락은 누가 퍼뜨린 헛소문인가"라고 진중일기(12월 11일)에 쓰여 있다(「마에다 요시히코 소위 일기」『남경전쟁 역사자료집』).

일본 국내에서는 그날 "황군이 용감하게 남경에 입성 / 적의 수도성에 역사적인 일장기 / 각 성문을 확보·잔적 소탕 / 맹렬한 시가전을 전개"(『도쿄니치니치신문』), "남경성 위의 찬란한 일장기 / 감격의 10일, 수도 점령 / 광화문, 와키사카脇坂 부대 명예로운 첫 진입 / 전선 일제 돌입 시가전 전개 / 쓰러진 성벽 옆에서 만세"(『요미우리신문』), "축·적의 수도 남경함락 / 역사에 새긴 빛나는 대첩 / 남경 성문에 일장기 / 성내 남은 적들 완강히 저항 / 와키사카 부대의 결사적인 돌입"(『도쿄아사히신문』)이라고 각 신문이 일제히 대대적으로 남경함락을 보도했다. 그날 밤 도쿄에서는 축하 제등행렬이 이어졌다. 국회의사당에 전광판이 켜졌다.

다음 날 12일, 전쟁승리 보도에 열광한 일본 국내에서는 관청과 교육계, 언론, 저널리즘의 주선으로 남경함락 축하행사가 펼쳐졌다. 그날 신문은 "오늘 제국의 수도는 환희의 함성 / 우와! 남경을 함락하다 / 궁 성전에 봉축의 무리 / 찬양하라, 세계 최대의 자랑"(『도쿄니치니치 신문』)이라고 보도했다. 궁 성전에는 아침부터 도쿄외국어학교 학생 700명이 교장 인솔 하에 손에 일장기를 들고 축하하기 위해 방문한 것을 비롯, 도쿄도 지역 학생들의 봉축 퍼레이드가 열리고 일반 군중에 섞여서 교장·교사의 선도로 도쿄부 내의 학생들이 하루 종일 궁성을 찾아 전쟁승리 축하행진을 했다.

도쿄부의 부·청사 하늘에는 「축 남경함락」이라 쓰인 애드벌룬이 떠올랐다. 긴자 등의 큰길 상점가에 일장기, 욱일기旭日旗 그리고 "남경함락"이라 쓴 깃발이 달렸다. 그날 저녁 히비야 공회당에서 요미우리신문사 주최로 남경함락, 승리를 축하하는 대강연회가 열렸다. 지나사변 뉴스 영화 방영, "결사" 종군 기자의 보고, 육탄소장이라 불린 사쿠라이 다다요시櫻井忠温 육군 소장의 대강연회가 열렸다.

이처럼 일본 국내에 승전 분위기가 고조되어 가고 있는데 반해, 실제로 남경성을 포위한 중지나방면군과 성벽 안팎의 진지에 대치한 남경방위군 사이에는 최후의 사투가 벌어져, 일본군도 엄청난 사상자가 나오고 있었다.

11, 12일 일본 국내의 전쟁승리 축하소동은 매스컴의 오보에 국민이 동요되었던 것이었다. 12월 10일 저녁에 와키사카 부대(제9사단의 보병 제36연대)의 한 개 대대가 광화문 앞문 쪽의 성벽 일부가 무너지면서 생긴 잔해 위에 일장기를 세운 것을 "남경성에 가장 먼저 진입"이라고 치켜세우고 남경성 진입 돌파구를 열어 성내에서 시가전이

전개된 것처럼 보도한 것이다. 사실은 남경성벽에 도착했을 뿐이고, 그 후 와키사카부대는 오히려 중국군에 포위된 상태에서 꼼짝 못하고 전멸에 가까운 손실을 내며 성벽 아래에서 간신히 중국군의 집중 공격을 버티고 있었던 것이다.

중지나방면군 사령부가 제10군과 상해파견군에 "남경성 가장 먼저 진입"의 경쟁을 도발하고, 이에 편승한 메이저 신문들이 "보도 먼저 보내기" 접전을 벌였기 때문에 대대적인 오보로 확대되었던 것이다.

2. 남경성 함락

포위섬멸망 완성

일본 국내에서 남경함락의 오보에 현혹된 관민이 하나가 되어 전쟁승리 축하행사를 열고 있던 12월 12일 새벽에 어느 때보다 남경에서는 격렬한 일본군의 공격이 시작되었다. 완전히 남경의 제공권을 장악하고 있던 일본군 전투기는 중국군 진지에 가차 없이 폭격을 가해 남경성벽을 포위하는 형태로 진지를 설치한 일본군의 포열砲列은 성벽과 성내를 향해 맹렬한 포화를 퍼부었다.

남경성 남쪽 중화문中華門 밖의 중요 거점인 우화대雨花台 진지에는 제6사단(구마모토)과 제114사단(우쓰노미야)이 맹공을 가해 정오까지 우화대 진지를 점령했다. 제6사단은 우화대의 남경성 안이 한눈에 내려다보이는 지점에 포열을 깔고 중화문에 집중포화를 가하면서 성안에도 포탄을 발사했다. 그로 인해 남경 중심가에 포탄이 떨어져 화약

연기가 거리를 덮었으며 여러 곳에 불길이 치솟았다. 우화대 북단에 진출한 제2사단은 중화문에서 동쪽 우화문雨花門에 걸쳐 있는 성벽에 집중공격을 개시했다.

남경성 동쪽에 우뚝 솟은 자금산紫金山의 서남쪽 산기슭은 그대로 태평문-중산문 사이의 성벽으로 연결되어 있어 자금산 기슭에 펼쳐지는 광대한 진지는 남경성을 품에 넣을 수 있는 가장 중요한 방어 거점이었다. 북쪽 산기슭 진지는 제16사단(교토)의 사사키 지대支隊(지대장 사사키 도이치佐々木到一—소장), 남쪽 산기슭은 제16사단 주력이 남경 방위군의 최정예 교도총대(계영청 대장)를 상대로 삼일에 걸친 사두를 계속하고 있었다. 그날 자금산 제2봉 진지를 실함시킨 제166사단의 포열로부터 중산문과 남쪽 성벽의 중포(重砲)에 의한 집중공격이 가해져 중산문 성벽이 몇 미터에 걸쳐서 무너졌다.

장강長江 남해안을 따라 남경성 동쪽(장강하류)에 있는 우룽산烏龍山 포대에는 제13사단(센다이)의 야마다 지대支隊(지대장 야마다 센지山田栴ニ 소장)가 맹공을 폈다. 이와 반대로 장강 남해안을 끼고 남경성 서쪽 (장강 상류)의 상신하진上新河鎮에서부터 강동문江東門, 하관下關에 광활하게 펼쳐진 습지대에서는 우화대를 점령한 제6사단이 전투를 전개, 성내 돌입을 목표로 중화문에서 수서문에 걸쳐 공격을 집중했다. 수서문 밖에서는 포열의 엄호를 받아 탱크를 앞세운 공격으로 격렬한 전투를 벌이고 있어 화약연기가 만연한 도로에 시체가 흩어져 있어 몹시 처참했다.

장강의 북해안을 진포進浦(청진－포구)철도의 터미널 역에 있는 포구점령을 목표로 진격중인 구니사키 지대(지대장 구니사키 노보루国崎登 소장)는 오후에 강포현성江浦縣城을 점령, 도하하여 철수하려는 중국군 섬멸작전을 준비했다. 이렇게 일본군은 그날 12일 낮까지 남경성의 사방을 완전히 에워싸고 포위섬멸전의 진용을 갖춰 그날 오후부터 야간까지 "남경성에 가장 먼저 진입"하기 위해 방대한 사망자를 내면서도 서둘러 장렬한 돌격전을 감행했다.

강과 하늘에서의 포위섬멸을 목표로 한 지나방면 함대는 소강遡江 부대가 오룡산烏龍山 포대의 하류로 진격해 와 있었다. 첫 공습부대의 제12항공대 및 제13항공대는 중국군이 기선汽船으로 남경을 탈출중이라는 정보를 입수하고 중국 부대의 퇴로 차단 및 섬멸을 위해 장강의 쟝크, 기선을 폭격했다. 그때 미국 포함砲艦 파나이호와 미국 유조선이 중국 병사를 호송 중이라고 "오인"하고 격침하여 「파나이호사건」을 일으켰다.

남경방위군의 붕괴

12월 12일 새벽, 당생지 남경방위군 사령장관은 남경 성내의 북동부 현무호玄武湖를 조망하는 고지대에 있는 백자정百子亭 관저에서 소수의 막료를 모아 철수 명령의 작성을 상담했다. 당생지는 병약한 몸

을 염려해 사령장관부를 자신의 관저에 두고 참모장과 두명의 사령
장관을 같이 집무시켰지만 부참모장 이하, 사령장관부의 막료·직원
대부분은 읍강문挹江門 근처의 중산북로에 있는 철도부 지하실로 이
전시켰다. 당생지는 전화로 작전을 지시했으나 사령부가 2, 3킬로미
터 떨어진 두 곳으로 나누어져 있어 신속한 전황판단이나 기민한 작
전 지도가 불가능했다.

장개석의 철수 명령은 이미 전날 정오, 제33전구戰区(상해, 남경 전
구) 부사령장관 고축동顧祝同(사령장관은 장개석)으로부터 전화로 전해
졌다. 그때 고축동은 "철수하는 것은 빠를수록 좋으니 오늘 밤 중에
철수 명령을 실행해야 한다고 생각합니다"라고 요청했으나, 당생지
는 "남경 사수를 엄명했기 때문에 갑자기 철수 명령을 내리는 것은
혼란을 초래할 뿐이며 늦어도 내일 밤에는 철퇴, 도강할 수 있게 할테
니까 기다려주세요"라고 답했다. 밤에는 정식으로 장개석으로부터
철수 명령이 전보로 전해졌지만, 당생지는 철수 명령의 작성을 다음
날로 늦추었다.

당생지 등이 작성한 철수계획은 다음 13일 일출 전에 각 부대가
일제히 일본군의 포위를 정면 돌파하겠다는 것이었다. 그러나 철수
명령의 실행을 하루 연기한 것이 치명적인 오판이었다.

그날 새벽부터 지금까지 없었던 격렬한 공격이 시작되자, 동요한
당생지는 오전 11시 사령장관부의 "L대령"(아마 부사령관인 유흥劉興)
과 "C대령"(아마 참모장 주란周欄)을 남경 난민구 국제위원회 위원장 라

베가 있는 곳으로 보내어, 일본군과 3일간의 휴전협정 체결을 위한 중개를 의뢰했다. 3일간의 휴전 기간 중에 중국군은 철수하고 남경성을 일본군에 넘기겠다는 내용이었다. 라베가 일본과 동맹국(일독방공협정)의 독일인으로 나치 당원인 것을 미리 고려한 것이었다. 복창福昌 호텔 관리인 슈페르링이 백기를 들고 전선을 향해 중지나방면군 사령관 마쓰이 이와네 대장에게 휴전조건을 전하는 군사 역할을 스스로 했다. 라베 등은 일본대사관 앞으로 보낼 전보를 준비하고 나머지는 정전협상에 앞서서 필요한 당생지 사령장관의 정식 문서를 기다렸다. 그러나 라베 등이 비장한 결의로 작성한 휴전협정 협상계획은 그 후 당생지의 외교 문서가 오지 않아 수포로 돌아갔다(가사하라 「발견된 남경학살 증언」).

실제로는 그날 정오에 중화문 서측·중산문 남측 성벽을 파괴하여 출입구가 생기자 일본군은 바로 성벽을 점령하게 되었고, 우화문에서도 성안으로 퇴각하려던 중국군을 추격하여 일부 부대가 성안에 침입했다.

이미 남경성 함락 직전인 격렬한 전투와 혼란이 극치에 도달해 도저히 정전협상을 할 수 있는 상황이 아니었다. 당생지는 정오에 철도부 지하실에 있는 사령장관부에서 고급 지휘관 회의를 소집하고 철수명령을 정식으로 결정하여 오후 3시에 남경방위군의 전군 철수명령과 작전을 하달할 예정이었다. 그러나 전황 급변에 의한 지휘계통의 동요와 혼란으로 개최가 불가능해져 당생지가 고급 지휘관회의를 개최한 것은 일몰 때의 오후 5시가 되어서였다. 그것도 중산북로에 인접한 철도부 부근은 이미 패주, 퇴각 병사로 인한 혼란이 발생했기 때문에 백자정百子亭에 있는 당생지 관저로 변경했다. 그 무렵 남경방위군의 붕괴는 서서히 진행되고 있었다. 남경성내를 남쪽 중화문에서 북쪽 읍강문까지 횡단하는 중산북로에 서 있던 미국인 기자 A.T.스틸은 그 모습을 이렇게 적고 있다.

> 청년 장교 몇 명이 퇴각하는 대군의 진로를 가로막고 서서 저지하려고 했다. 격한 말이 오가고 총 소리가 났다. 병사들은 마지못해 방향을 바꾸어 전선을 향해 느릿느릿 되돌아오기 시작했다. 그러나 이러한 상황도 잠깐이었다. 30분 내에 중국군의 사기는 와해되고 전군이 궤주하게 되었다.
>
> 이제 그들을 막을 방법이 없었다. 몇 만이라는 병사가 하관문(읍강문)을 향해 무리를 지어 대로를 통과하고 있었다. (략)
>
> 오후 4시 반경 붕괴가 찾아왔다. 처음에는 비교적 질서 정연한 퇴각이었지만, 오후 5시경 해가 지기 시작하자 궤주하기 시작했다. 도주하는 군대는 일본군이 추격해 온다는 생각에 필요 없는 장비를 내팽개치기 시작했다. 얼마 안되어 거리에 버려진 배낭, 탄약 벨트, 수류탄과 군복으로 가득했다.
>
> (『시카고·데일리 뉴스』 1938년 2월 3일, 『미국 관계 자료편』)

남경방위군의 붕괴가 이미 시작되고 있는 상황에서 회의소집은 아무 의미가 없었다. 성벽 밖의 복곽진지에서 전투하던 부대를 직접 지휘하고 있는 군 지휘관·사단장은 회의 참석이 불가능했다. 그래도 남경방위군 최후의 고급 참모장교 지휘관회의를 연 당생지는 준비한 철수 명령서를 각 군지휘관, 사단장에게 하달하고 회의는 5시 반경에 종료하고 해산했다. 그러나 참석한 군지휘관·사단장도 성 내외의 지휘·연락이 불가능해져 혼란한 상황이었다. 그리고 방위군 부대의 붕괴와 궤주가 시작되고 있었으므로 휘하의 모든 부대에 철수 명령을 전하지 못하는 곳이 많았다.

게다가 하령된 철수작전 자체가 더 이상 실행 불가능한 것이었다. 그것은 사령장관부의 직속부대와 제36사단 헌병부대가 오후 6시부터 하관에서 기선으로 도강하여 철수했다. 그 외 모든 부대가 밤 11시를 기해 각 방면에서 일제히 일본군의 포위를 정면 돌파해 철수하고 최종적으로 안휘성安徽省의 남단에 집결한다는 것이었다. 이 퇴각작전이 전날 밤이었다면 아직 결행 가능성이 있었겠지만 이미 방위군의 전선이 붕괴되고 대부분의 부대가 도강해서 장강 북쪽 해안으로 도망가기 위해 하관으로 궤주를 시작한 단계에서는 적군 정면 돌파 실행은 불가능했다. 더욱이 당생지는 이행 불가능한 철수계획을 강행하기 위해 철수계획을 세운 그 이외의 부대가 하관으로부터 도강하는 것을 엄금, 제36사단에게 다른 부대가 읍강문에서 철수, 퇴각하는 것을 실력으로 저지하도록 명한 것이다. 사령장관부가 제일 먼저 철수한다는 작전은 남경방위군의 패닉적인 붕괴를 초래했다.

철도부 지하실의 사령장관부 인원이 5시 이전에 철수를 시작했기 때문에 오후 3시 이후 각 부대가 사령부에 무선연락을 해도 연결되지 않았다. 전선부대에서는 동요와 혼란이 일어나 퇴각·궤주에 박차를 가하게 되었다.

철퇴명령을 하달한 당생지는 군사 기밀서류를 소각시키고 관저에도 불을 지른 후, 백자정을 떠났다. 그는 철도부 지하에 있는 다른 사령장관부에 들렀다가 하관으로 가려했지만 이미 교통혼란이 극심해 차를 이용하는 것이 불가능했다. 당생지 일행은 중산中山북로에 모여든 퇴각병, 궤주병의 무리를 가로막으면서, 밤 8시경 해군함정 전용부두에 도착하였다. 남경방위군 사령부 간부들이 전원 모이기를 기다려 9시쯤 강녕江寧 요새 사령부가 확보해 둔 마지막 작은 기선을 타고 포구부두로 이동 (구니사키 부대의 포구점령은 다음 날이었다) 하여 철도가 개통되어 있는 육합현六合縣으로 무사히 탈출했다.

그러나 남경성 복곽진지와 성내에는 사령부와 상급 지휘관을 잃은 방위군의 지휘계통이 붕괴되어 수십만 장병, 졸병, 인부가 일본군의 포위 하에 남겨진 것이다(가사하라 『남경 방어전과 중국군』).

성내 탈출의 패닉

"일본 대군이 성안으로 침입, 남쪽에서 공격해 온다"는 공포스러운 정보가 아직 거주구居住區에 잔류하던 시민을 긴장시켰다. 당시 수십만 시민들이 그때까지 집에 있었다고 한다. 시민보다 먼저 전선의 중국군이 두려워 도망갔다. 중국군이 없어지고 일본군의 습격에 처한 시민들은 패닉상태에 빠졌다. 패닉물결은 성벽 내 남부지역의 주택 밀집지대에 남아 있던 주민에서 시작되었다. 많은 잔류 가족이 적은 식량과 침구류를 등에 가득 짊어지고 퇴각하는 부대 뒤를 쫓아 남경을 탈출하려 했다.

일몰이 되자 방대한 수의 퇴각·궤주병, 군대와 함께 남경을 탈출하려는 피란민들이 읍강문을 향해서 홍수처럼 쏟아졌다. 성내의 각처에 대규모 화재가 발생하고, 어둠 속에 성벽 주위에서 일본군의 소총과 기관총 소리가 가까워진 것이 군대와 민간인의 공포를 더 증폭시켰다. 그리고 불타고 있는 자금산 산기슭의 모습이 남경 어디에서나 보였으므로 남경이 함락되었다는 생각을 굳히게 했다. 도로에는 퇴각하는 부대가 부득이하게 남기고 간 부상병으로 넘쳤다. 부상병 중에는 자신을 두고 간 부대를 저주하며 몸을 막대기에 의지하여 질질 끌면서 읍강문으로 가는 사람도 있었다.

그러나 읍강문을 향해 중산남로에서 중산로, 그리고 중산북로로 흘러간 군중의 물결은 이윽고 큰길에서 인파에 밀려 움직일 수 없게 되었다. 읍강문 앞에서 제36사단 부대가 중기관총을 들고 퇴각부대의 통과를 저지하기위해 버티고 있었기 때문이다. 이 부대는 당생지 사령장관부로부터 도강계획이 없는 부대의 통과를 막도록 엄명받아, 따르지 않는 자에겐 발포해도 좋다는 지시가 내려졌다. 홍수처럼 밀려 든 퇴각·궤주병과 피란민 물결이 여기에서 막혀 밀집한 군중으로 대혼란이 일어났다.

사령장관부가 있던 철도부와 중산북로 사이의 맞은편에 있던 4층짜리 교통부 건물을 철수하는 사령장관부의 사람이 이 건물을 일본군이 사용하지 못하게 하려고 방화했다. 그때 인근의 미국대시관에 있던 스틸 기자는 목격한 것을 적고 있다.

병사들이 퇴각하는 주요 간선도로인 중산로에서 불과 몇 야드 밖에 떨어지지 않은 교통부의 100만 달러짜리 청사에 방화했을 때, 지옥을 방불케 했다. 그곳은 탄약고로 사용되고 있어 불이 포탄·폭탄창고에 이르렀을 때 무서운 폭음이 밤 하늘을 관통했다. 총탄과 포탄의 파편이 높게 모든 방향으로 새된 소리를 내며 흩어져 강가에 이르는 도로를 배회하는 군중의 공포와 혼란을 더욱 가중시켰다. 타오르는 청사는 드높게 거대한 불길에 휩싸여 무섭게 열을 뿜어냈다. 공포에 빠진 군중의 행렬이 주저하며 걸음을 멈추었고, 교통은 정체되었다. 트럭, 대포, 오토바이 등과 말이 끄는 수레가 맞부딪히며 뒤엉키는 한편, 뒤에서는 계속 앞으로 밀고 들어 오는 것이었다.

병사들은 행로를 열겠다는 일념으로 노력했지만 헛수고였다. 길바닥의 집적물에 불이 옮겨 붙어 고속도로를 가로지르는 불꽃의 장벽을 만들었다. 퇴각하는 군대에 남아 있던 질서는 완전히 붕괴되었다. 이제 각자가 뿔뿔이 흩어지게 되었다. 불타는 장해물을 우회해서 간신히 하관문(읍강문)에 도달할 수 있었던 것은, 겨우 잔해나 시체로 막혀 있는 문을 발견했기 때문이었다.

그때부터는 이 거대한 성벽을 넘으려는 야만적인 돌격이었다. 옷을 벗어 묶어서 줄을 만들었다. 공포에 휩싸인 병사들은 흉벽胸壁에서 소총과 기관총을 내던져 버리고 기어 내려갔다. 하지만 그들은 또 하나의 진퇴유곡에 빠진 것을 발견한 것이었다.

(『시카고·데일리 뉴스』 1938년 1월 3일, 『미국 관계 자료 편』)

스틸 기자가 읍강문이 잔해나 시체로 막혀 있었다는 것은, 그 문 앞에서 서둘러 탈출하려는 거대한 병사들과 대군의 명령에 따라 무력으로 저지하려 한 제36사단 부대 사이에서 끝내는 같은 편끼리 싸우는 비극이 시작되어, 읍상문 내에서 일어난 총격전으로 시체 더미가 쌓였기 때문이었다. 9시가 지나서 시가전을 준비하던 육군 장갑병단의 전차대가 읍강문으로 철수해왔다. 그 부대에는 철수 명령이 전해지지 않았지만 사령장관부가 텅 비어 있다는 것을 알고 자대에서 철수를 결정하고 왔던 것이다. 이에 대하여 제36사단의 성문 수비병이 발포하여 저지하려 하자 전차대는 이를 강행 돌파했다. 전차에 이어 지금까지 무력으로 통과를 저지당했던 병사와 피란민의 대군이 순식간에 수문이 열린 급류처럼 우르르 읍강문으로 탈출했다.

장강의 대참극

그러나 하관의 부두에 몰린 몇 만이나 되는 수의 군인과 민간인에게는 또 다른 비극이 기다리고 있었다. 거기에는 장강을 건너는 선박이 없었던 것이다. 당생지의 철수계획에는 사령장관부를 중심으로 일부 부대만 도강에 의한 철수를 허용하고 있었다. 그것을 미리 알고 있던 수송사령부 사령관과 참모장은 각 군이 가지고 있는 선박을 모두 징발, 관리하는 책무를 포기하고 부랴부랴 장강 북안으로 철수해 버렸기 때문이다. 단지, 지난 몇일 미국 해군 항공대의 하관과 건너편 강가 포구 부두 일대에 대한 집중 폭격이 행해져, 자금산 산기슭에 포열을 배치한 일본군의 포병대에서 하관부근을 사정권에 넣은 포탄을 언제든 쏠 수 있는 상황에서는 몇 만이라는 군인과 민간인을 수송할 선박을 지키는 것 자체가 무리였다.

오후 10시가 지나자 장강 연안은 성벽을 줄이나 끈으로 내려오거나 읍강문을 돌파해 온 패주병과 피란민의 대군이 하관 부두를 중심으로 남쪽(장강 상류)은 삼차하三汊河에서, 북쪽(장강 하류)은 매탄항煤炭港 부근까지 몇 킬로에 걸쳐서 꽉메워졌다. 이때 장강 연안에 몰려든 여러 부대는 퇴각중인 대혼란에서 부대의 형태는 뿔뿔이 흩어지고 부대장도 각급 지휘관도 전혀 부대를 장악할 수 없는 상태였다. 이미 군대의 형태를 잃고, 그저 전의도 전력도 없는 오합지졸로 변해 필사적으로 달아나려고 하는 패잔병에 불과했다.

하관에서 도강할 수 없는 것을 알게 된 약 1만의 퇴각부대가 장강 남안에서 상류방향으로 도망치려고 좁은 강을 따라 왔지만, 상신하진上新河鎮에서 제6사단 기병연대를 만나 전투, 약 천 명이 죽임을 당하고 쫓겨났다. 또 성벽 서쪽 습지대를 지나서 남쪽으로 퇴각하려던 궤주병이 역시 제6사단 보병 제45연대에 퇴로를 차단당했다(제6사단 「전시순보」『남경 전쟁 역사 자료집』).

장강을 뒤로, 남쪽 남경성 안은 일본군이 추격 중이고, 서쪽의 퇴로가 차단당해 동쪽에서는 제16사단의 부대가 진격 중이었으므로, 궁지에 몰린 군중에게는 장강을 건너 도망치는 길만이 일본군의 살육에서 벗어날 수 있었다. 이윽고 패잔병이나 피란민의 자살행위와 같은 도강이 시작되었다. 수천, 수만의 군중이 일본군의 추격을 따돌리며 장강의 흐름에 몸을 맡겼다. 순식간에 장강의 넓은 수면이 도강을 시도하는 군중의 배나 뗏목, 통나무, 판자 부스러기 등으로 가득 찼다. 장강 수류의 강폭은 수량이 적은 겨울철에도 약 1.5킬로미터나 되었다. 밤이 되자 외부기온은 영하로 떨어지고 장강의 물은 얼음처럼 차가웠다. 장강을 건너던 군중의 대부분은 물살에 말려들거나 추위로 체력이 탕진되어 가라앉고 있었다.

(가사하라 「남경방위군의 붕괴에서 학살까지」)

무장武裝 포기한 중국 병사

철수 명령이 늦게 전달되거나 알려지지 않았기 때문에 전선에서 퇴각이 늦어진 부대는 장강에서 탈출하려고 중산북로를 통해 읍강문으로 향했지만 넓은 길은 총퇴각 군대가 꼼짝 못하고, 게다가 피란하는 시민까지 더해져 심야가 되어도 고루鼓楼병원에서 앞으로 나아가지 못하는 상황이 되었다(읍강문까지 4킬로미터 남짓). 이때에 철수부대의 대부분이 통제력을 잃고, 부대의 체재마저 상실한 퇴각병, 궤주병의 상태가 되었다. 남경방어전 직전에 징병된 신병이 많았던 만큼, 성내에서 탈출하지 못한 채 일본군에 쫓기는 것에 대한 두려움이 컸다. 읍강문으로의 탈출을 단념한 병사와 일단 장강 해안까지 갔지만 도강 수단이 없어서 다시 성으로 돌아온 병사들이 일본군의 소탕을 피하기 위해 남은 방법은 스스로 무장을 해제하여 일본병사 눈에 띄지 않도록 하는 것이었다. 남경공략전을 취재하기 위해서 전화戰火 속에서도 남경에 머물렀던 F.T.다딘 기자는 이렇게 보고했다.

> 일요일(12일) 밤, 중국병사는 안전구내로 흩어져 많은 군인이 군복을 벗어버렸다. 민간인의 옷을 훔치거나 지나가던 시민들의 옷을 구하기도 하였다. 또 "평상복"을 찾지 못한 군인들은 군복을 벗어 버리고 속옷만 입고 있었다.
>
> 군복과 함께 무기도 버렸기 때문에 길가에는 소총·수류탄·검·

배낭·상의·군화·군모 등으로 가득했다. 하관문(읍강문) 근처에서 버려진 군장품은 엄청난 양이었다. 교통부 앞에서 두 블록 앞까지 트럭, 대포, 버스, 사령관의 자동차, 짐 마차, 기관총, 휴대무기 등이 쌓여 쓰레기장처럼 되어 있었다.

(『뉴욕·타임즈』 1938년 1월 9일 『미국관계 자료편』)

자정 12시 30분이 지나자 성남城南 일대의 포성과 총성도 멈추고 남경의 전장은 정적에 빠졌다. 그때까지 중국군의 모든 저항은 와해되었다. 마지막 남은 중산문中山門도 제18사단 보병 제20연대가 무혈 점령, 철문에 "쇼와 12년(1937년) 12월 13일 오전 3시 10분 오노大野부대 점령"이라고 분필로 써 두었다. 남경성은 마침내 함락되었다.

V 「잔적 소탕」의 실상

－ 남경 난민구 국제위원회의 기록

남경 난민구 국제위원회의 회원, 왼쪽에서 세 번째가 존·H·D·라베

█ 1937년(쇼와 12년) █

12월	2일 장개석蔣介石, 주화駐華 독일 대사 트라우토만에게 일본 측의 화평조건을 인정하는 의향을 표명(일본정부, 알선을 거절하다).
	4일 제16사단, 남경전구戰區에 돌입.
	6일 일본군, 남경 주변 방어진지를 거의 점령.
	7일 장개석, 남경 탈출. 중지나中支那 방면군, 「남경성 공략 및 입성에 관한 주의사항」 등 하달. 중국군, 「세이노淸野 작전」을 전개(~9일).
	8일 일본군 남경성 포위를 완성.
	10일 일본군 총공격을 전시.
	11일 일본국내에서 오보에 의거한 전승 축하행사가 실시되었다(~12일).
	12일 일본해군기, 미국 포함 파나이호를 격침. 남경방위군 사령장관 당생지唐生智 철퇴명령을 내리다. 심야, 남경함락.
	13일 일본군 「잔적 소탕」을 개시.
	14일 쇼와 천황, 남경 점령 축하 메시지
	17일 남경 입성식.
	22일 중지나방면군 사령장관 마쓰이 이와네松井石根 남경을 떠나 상해로 향하다.
	24일 일본군에 의한 「사문공작査問工作」(패잔병소탕)이 시작되다(~1938년 1월 5일).

█ 1938년(쇼와 13년) █

1월	1일 남경시 자치위원회 성립.
	15일 내본영大本營 정부 연락회의에서 국민정부와의 화평교섭의 최종 중단을 결정.
	16일 고노에近衛 수상, 「제국 정부는 이후 국민정부를 적으로 여기지 않는다」라는 성명을 발표.
	26일 일본군 장교가 미국대사관원 앨리슨을 구타, 외교문제가 되다(앨리슨사건).
2월	12일 대본영, 중지나방면군·상해파견군·제10군의 전투서열을 풀다(마쓰이 이와네 사령관을 해임).
	18일 남경 안정구역 국제위원회, 일본당국의 요청에 의해 명칭을 남경 국제구제위원회로 변경.
	23일 국제위원회 라베 위원장, 남경을 떠나다.
3월	28일 남경에 중국국민 유신정권 성립. 남경사건 종식되다.
4월	1일 국가총동원법 공포

1. 대살육 개시開始

모든 수단을 동원하여 적을 섬멸해야 한다

12월 12일 심야에 남경성을 함락시킨 중지나방면군은 다음 날 13 일 아침부터 남경성내외의 "잔적 소탕"을 시작했다. 각 사단과 각 부대에 담당지역이 할당되고 작전은 철저하고 주도적으로 실시되었다. 제10군(정집단이라고 칭했다)사령관 야나가와 헤이스케柳川平助 중장은 이렇게 명령을 내렸다.

정집단명령(정집작명갑호외丁集作命甲号外)

12년 13일 오전 8시 30분

하나, [정]집단은 남경성내의 적을 소탕하라.

하나, 각 병단兵団은 성내를 향해 포격은 물론, 모든 수단을 동원하여 적을 소탕해야 하고 필요하다면 성안을 소각하고, 특히 패적의 기만행위에 놀아나지 않아야 한다.

(『남경전사 자료집』)

중지나방면군 사령부의 「주의사항」을 무시한 명령이다. 상해파견군 제9사단의 보병 제8여단장 아키야마 요시미쓰秋山義兌 소장은 「남경성내 소탕요령」 및 「소탕실시에 관한 주의」로 다음과 같이 지시했다.

하나, 도주한 적은 대부분 평상복으로 가장했을 것을 염두에 두고, 그런 의심이 가는 자는 모두 검거하고 적절한 장소에 감금한다.

하나, 청장년은 모두 패잔병 또는 편의병으로 보고, 모두 체포 감금해야 한다.

"편의便衣"란 중국어로 평복(평상복)을 의미하며, "편의병便衣兵"은 군복이 아닌 민간인의 옷을 입고 있는 "사복병", "게릴라병"을 가리킨다. "편의병"으로 인정하려면 무기휴대를 확인할 필요가 있지만 위와 같은 지시는 일반 청장년 남자를 패잔병으로 보고 "소탕" 대상으로 하는 것을 의미한다. 하지만 "체포감금"이라 해도 일본군은 "포로는 만들지 않을 방침"으로 임한 것이었다.

희생된 시민

남경성 밖을 대군으로 완전포위한 일본군은 가까운 성문이나 성벽의 파괴구를 통해 성안으로 침입했다. "정말 이상적인 포위섬멸전을 펼치고 있다"라고 사사키 도이치 소장(제18사단보병 제30여단장)이 일기(12월 13일)에서 자화자찬했듯이 철저한 "작전소탕"을 병행했다(『남경전사 자료집』). 그 성안에는 난민구역을 제외하고, 아직 5만 명 이상의 시민이 주거지역에 남아 있었다고 한다. 시민을 끌어들인 "잔적소탕" 취재를 위해 공략전하攻略戰下의 남경에 머물고 있던 스틸 기자는 "패잔병 섬멸" 상황을 사냥꾼들의 "토끼사냥"에 비유했다.

미국서부에서 잭 래빗(jackrabbit, 프레리에 사는 귀가 긴 큰 토끼)사냥을 본 적이 있다. 사냥꾼이 만든 경계선이, 무력한 토끼를 향해 좁혀지고 울타리 쪽으로 내몰린 토끼를 때려 죽일지, 쏴 죽일지 하는 사냥이었다. 남경에서 본 광경과 같고, 거기서는 인간이 먹이인 것이다. 도피처를 잃은 사람들은 토끼처럼 무력하게 전의를 잃고 있었다. 많은 사람들은 이미 무기를 포기하고 있었다. 일본군이 거리를 천천히 순회하면서 뛰거나 하는 의심스러운 행동을 하면 모두 기관총과 소총으로 사살하자, 패퇴하고 투지를 잃은 군대는 이른바 안전구역(난민구역)으로 우르르 들이닥쳤다. 그곳은 소탕당하지 않는 마지막 지역이었지만, 한편 큰 도로가는 지옥이었다.

아직 군복을 입고 있던 병사는 가능한 한 빨리 그것을 벗어버렸다. 마을 여기저기에서 병사가 군복을 던져버리고 가게에서 훔치거나, 사람에게 총구를 들이대고 위협하여 억지로 벗기거나 하여 평상복을 입고 있는 것을 보았다. 하의만 입고 걸어 다니는 사람도 있었다.

산더미처럼 쌓인 부서진 소총은 태워버렸다. 길거리에는 유기된 군복이나 무기, 탄약, 장비 등으로 산란했다. 평소라면 일반주민(아직 약 10만 명이 시내에 있었다)은 이러한 물건을 얻고자 다투었겠지만, 지금 군복과 총을 가지고 있는 것이 눈에 띄면 살해된다는 것을 모두 알고 있었다.

일본 측 수색망이 좁혀짐에 따라, 공포에 질린 나머지 거의 발광 상태가 된 병사도 있었다. 돌연, 어느 병사가 자전거를 손에 넣자, 불과 수백 야드의 거리에 있던 일본군 방향을 향해 미친 듯이 돌진했다. 길 가는 사람이 "위험해"라고 경고하자 그는 급히 방향을 바꿔, 반대방향으로 달려갔다. 갑자기 그가 자전거에서 뛰어내려 시민에게 있는 힘껏 부딪쳤다. 마지막으로 보았을 때는 자신의 군복을 던져버리고 그 남자의 옷을 벗기려고 하는 참이었다.

어떤 병사는 말을 타고 정처 없이 길 위를 달리며, 이유도 없이 다만 하늘을 향해 권총을 쏘고 있었다.

시내에 남은 소수의 외국인 중 힘이 있는 한 독일인은 어떻게든 하지 않으면 안되겠다고 마음먹었다. 그는 병사를 말에서 끌어내려 총을 낚아채고는 따귀를 때렸다. 병사는 신음소리도 내지 않고 그대로 맞고 있었다.

패닉상태에 빠져 있던 병사들은 주행 중인 나의 차에 뛰어들어, 어딘가 안전한 장소에 데려가 달라고 애원했다. 총과 돈을 내놓고 그 보답으로 보호를 요구하는 사람도 있었다. 겁먹은 한 무리의 병사들이 소수의 미국인 선교사와 독일 상인에 의해 설립된 안전구 국제위원회본부 근처에 모였다. 그들은 구내에 나부끼는 독일국기가 일종의 재난막이의 부적이라도 되는 것처럼 들여보내 달라고 간원했다.

마침내 그 일부가 총을 버리고 문을 밀고 들어오자, 밖에 있던 남은 병사도 총기를 담 너머로 던져 넣었다. 권총, 소총과 기관총이 안뜰에 떨어져, 선교사가 조심스럽게 주워 모아 일본군에게 내놓기 위해 넣어두었다.

(『시카고·데일리 뉴스』 1938년 2월 4일, 『미국관계 자료편』)

그날 난민구 국제위원회 위원장인 라베와 몇 명의 미국인 위원들은 일본군의 총사령부와 빨리 연락을 해 남경 난민구의 안전을 보장하기 위해 시가지의 남부를 향해 달려갔지만, "우리는 많은 중국 민간인의 시체를 보았습니다. 시체 몇 구를 조사한 결과, 나는 그들이 가까운 거리에서 아마 도주 중 배후에 의해 사살된 것으로 확인되었습니다"라고 적혀 있다. 그들이 길가에서 본 것은 마치 "토끼사냥"처럼 도망가다가 사살된 민간인의 사체였다. 라베는 "나는 더욱이 우리가 달려온 범위의 시가지에는 아주 작은 손상밖에 없는 것을 확인했습니다. 철퇴하는 중국군은 아주 작은 손해밖에 입지 않았습니다. 우리는 그 사실에 만족하고 확실히 기억하고 있습니다"라고 기술하고 있다(「남경사건·라베보고서」). 이 사실은 일본군이 입성하고부터 벌인 약탈, 방화, 파괴의 피해상황을 파악하는데 중요한 것이 되었다.

남경성의 동남부는 남경으로부터 멀리 피란할 수단과 조건을 갖출 수 없는 대체로 가난한 계층의 사람들이 살아 남아 있던 주택밀집지였다. 그곳에 패잔병이 도망와 숨어 있다고 상정한 일본군은 몇 개 부대를 투입하여, 철저한 소탕작전을 행하였다. 그 중 하나, 제9사단 보병 제19연대(쓰루가)는 "오전 10시 광화문으로부터 성내에 진입하여 동남부를 소탕하고, 통제문 서쪽지구에 병력을 집결하여 이후의 행동을 준비했다"라고 시간을 투자해 밀집거주구를 소탕한 것을 기술하고 있다(「쓰루가연대사」). 더욱이 제114사단 보병 제150연대(마쓰모토)는 우화문雨花門, 무정문武定門에서 백로주지구白鷺州地區 일대를 담당, "성내는 가옥이 밀집되어 있어 소탕하는 데 시간이 필요하다"고 기록하고 있다(「보병 제50연대사〔보병 제150연대사를 포함〕」).

그러한 거주구에서의 "잔적殘敵소탕"의 작전행동 중에 발생한 것이, 하숙금夏淑琴씨 일가참살의 비극이었다. 16미리·필름카메라를 취미로 가지고 있던 마기John Gillespie Magee, 1884~1956년목사는 사건으로부터 3주 정도 지난 후, 독일대사관의 로젠서기관(1938년 1월 9일에 한구로부터 남경으로 귀임)과 현장에 가서 참극의 흔적을 촬영했다. 그 필름에는 옥외에 방석을 늘어놓은 듯한 십수 체의 사체가 찍혀 있고, 캡션

caption에는 "노파가 집에 돌아오자, 모든 가족이 학살되어 있었다. 목격자에 의하면 2명의 아가씨는 강간당해 몸을 토막내 잔인하게 죽임당했다(원문은 영어)"라고 적혀 있다.

마기목사가 일본군 몰래 촬영한 남경학살의 피해현장을 촬영한 필름은 미국인 선교사 죠지·A·힛치가 상해로 가져가는 것에 성공, 그는 상해에서 현상한 필름을 가지고 미국으로 건너가, 전 미국의 강연여행에서 상영했다. 위의 필름은 로스엔젤레스의 필름센터에 보존되어 있다. 매일방송 "MBS 나우스페셜·필름은 보고 있던 – 검증 남경대학살"(1991년 10월 6일 방영)에서, 그 대부분이 소개되었다.

(상세는 가사하라 『아시아 속의 일본군』 참조)

이 일가참살의 비극으로부터 살아 남은 사람은 당시 7세(중국식으로는 8세)의 하숙금씨와 4세의 여동생이었다. 마기는 하夏자매를 구해낸 근처의 노파와 하숙금씨 자신, 그리고 숙부(그 당시 난민구에 피란해 있었다)로부터도 들은 이야기를 이렇게 기록하고 있다.

일본군의 남경성 침입 최초의 날(12월 13일), 일본병들이 시내의 남동부에 있는 하씨 집에 쳐들어왔다. 일본병은 3세나 4세의 정도의 아이 한 명과 8세의 아이 등, 2명의 어린이만을 남기고 그 집에 있던 사람 전원, 13명을 살해했다. 이것은 8세의 소녀(하숙금씨)가 말한 것을 그녀의 숙부와 나를 안내한 근처의 할머니에게도 확인한 사실이다.

이 소녀는 등과 옆구리를 찔렸지만, 죽지 않았다. 살해된 사람은 76세의 할아버지와 74세의 할머니, 어머니와 16세, 14세의 언니, 1세의 아기(여동생)가 있었다. 두 명의 언니를 모두 각각 3명 정도의 일본병이 성폭행한 후 너무도 잔혹한 방법으로 살해했다. 작은 언니는 총검에 찔려 죽었으나, 큰 언니와 어머니는 도저히 말로 할 수 없는 방법으로 살해됐다. 나는 남경에서 그러한 방법으로 살해된 것을 4건 정도 들었다. 독일대사관의 서기관(로젠)은 한 여성의 음부에 짧은 막대기가 밀어 넣어져 있었다고 말하고 있다. 그는 "그것이 일본군의 방식"이라고 말했다.

나는 이들 시체를 촬영했다. 어머니가 1세의 아기와 함께 쓰러져 있다. 이 작은 소녀는 이미 죽어 있는 1세의 아이가 주인집 아이라고 한다. 그 아이는 일본병사의 칼에 의해 머리가 두 동강으로 잘려 있었다.

(「포스터문서」. 또한 1987년의 혼다 가쓰이치本多勝一 씨가 피해자인 하숙금 씨로부터 청취한 참극의 상세한 내용은 『남경으로의 길』에 기술되어 있다.)

그날의 성내소탕에 참가한 제9사단의 한 병사는 "비행장(명고궁 비행장)을 횡단해 중대는 시가소탕市街掃蕩의 선두에 앞장서 전진한다. 자신들은 단지 키우는 개가 풀려난 것처럼 정신없이 선두를 가르지

르다"라고 진중일기에 쓰여 있다(「명맥 ─ 진중일기」). 라베는 소탕작전이라 칭하며 성내에서 난폭행위를 일삼는 일본군부대에 대해 "그들은 탈주한 죄수의 무리처럼 보였습니다"라고 기술하고 있다(「남경사건·라베보고서」).

남경에 다다르는 진격도중의 일본군은 촌락소탕이라 칭하며 길가의 마을을 습격해서 마을 사람을 살해, 여성을 강간·윤간한 후 살해, 식량을 약탈, 방화하는 불법행위를 계속해왔다. 그러한 군기이완 부대가 전장의 광적인 심리를 가진 채로 무장하고 남경성내(이미 함락하여 전장은 아니었다)에 풀린 것이었다.

모두 해치워버려라

13일의 "잔적 소탕"의 모양을 스틸과 함께 남경에 머무르고 있던 다딘기자는 이렇게 보고했다.

> 월요일(13일) 종일, 시내 동부 및 북서지구에서 전투를 이어가던 중국부대가 있었다. 하지만 독 안에 든 쥐가 된 중국병사 대다수는 싸울 기력을 잃고 있었다. (략)
> 무력한 중국군부대의 대부분이 무장을 해제하고, 투항했음에도 불구하고 계획적으로 체포되어 처형당했다. (략)
> 참호에서 난을 피했던 소집단이 끌려나와 변두리에서 사살당하

거나 척살당했다. 그 후 시체는 참호에 밀어 넣어 묻어버렸다. 경우에 따라서는 꽁꽁 묶인 병사부대 집단에게 전차(戰車)의 포구가향하는 경우도 있었다. 가장 일반적인 사형방법은 소총을 사용한사살이었다.

연령·성별에 관계없이 일본군은 민간인도 사살했다. 소방관이나 경찰관은 종종 일본군에 의해 희생되었다. 일본병사가 다가오는 것을 보고 흥분하거나 공포에 사로잡혀 뛰쳐나가는 사람은 누구든 사살당할 위험이 있다.

(『뉴욕 타임즈』 1938년 1월 9일, 『미국관계 자료편』)

이처럼 패잔병에 대한 집단살육은 장강長江을 따라 하관지구 일대에서 가장 대규모로 행해졌다. 그곳에는 전날 오후부터 남경방위군붕괴에 따라 장강을 도강하여 탈출할 수 있다고 생각한 몇만 명이나되는 중국병사 대군과 거기에 섞인 난민 무리가 남경성에서 탈출하여 운하처럼 모여 들었다. 만국평화회의에 따르면 이미 군대의 형태와 전의를 상실한 그들 패잔병 대군에게 투항을 권고하고 포로로서처우해 줄 필요가 있었다. 하지만 일본군이 행한 것은 섬멸=몰살이었다. 그 지역의 "잔적 소탕작전"을 담당했던 제16사단 사사키 도이치 지대장은 그날의 "전과戰果"를 이렇게 기록하고 있다.

그날 우리 지대의 작전지역 내에 유기된 적의 시체가 1만 수천을 상회하고, 그 외 장갑차가 강가에서 격멸한 것과 각 부대 포로를 합산하면 우리 지대만 해도 2만 이상의 적이 해결되었을 것이다.

(략)

오후 2시 무렵 거의 소탕이 끝나 배후를 정리하고 부대를 정비하여 전진, 화평문和平門에 도달하다.

그 후 포로가 계속 투항해오거나 하여 수천에 달했다. 격앙된 병사는 상관의 제지를 수긍하면서도 한쪽에서는 살육한다. 전우 다수의 유혈과 10일간의 고통을 돌아보면 병사가 아니더라도 "모두 죽여 버려"라고 말하고 싶어진다.

성내에는 있겠지만, 우리 군에는 포로에게 먹일 쌀이 이제 한 톨도 없었다.

(「사사키 도이치 소장 사기私記」)

일본군 역시 식량보급이 없어 현지징발=약탈로 식사를 이어가고 있을 정도이니 포로에게까지 먹일 식량이 없었다. 그렇기에 처리=살해해버려라고 말하는 것이다. 다음 날인 14일, 사사키 도이치 지대장은 "보병 제30여단 명령―각 부대는 담당지역을 소탕해 중국병사를 격멸하라. 각 부대는 사단의 지시가 있을 때까지 포로를 받지마라"고 정식으로 하명했다(『남경전사(戰史) 자료집』).

투항병, 패잔병을 포로로 수용하지 말고 살해하라는 것은 제16사단의 방침이기도 했다. 사단장 나카시마 게사고中島今朝吾 중장은 일기

(12월 13일)에 「포로소탕」이라고 하는 항목에서 다음과 같이 기록하고 있다.

본래 포로는 두지 않을 방침이기 때문에 일단 처리하게 되어 있지만 1천, 5천, 1만이 군집하면 이를 무장해제 하는 것조차 불가능하다. 단지 그들이 완전히 전의를 상실하여 줄줄 따라오면 안전하겠지만, 그들이 일단 소란을 피우면 처리가 곤란하기 때문에 부대를 트럭으로 증파하여 감시와 유도를 맡게 하며, 13일 밤에는 트럭의 대 활약을 필요로 한다. (략)

나중에 알려진 것에 따르면, 사사키 부대에서만 처리한 사람이 약 1만 5천, 대평문(태평문) 수비의 1중대장이 처리한 약 1천 300, 그 선학문仙鶴門 근처에 집결한 약 7, 8천 명이 있고 계속하여 투항해 왔다.

이 7, 8천 명을 처리하기 위해서는 상당히 큰 구덩이를 필요로 하지만 좀처럼 발견되지 않아, 첫째 안으로서는 100~200명으로 분할한 후 적당한 곳으로 유도하여 처리할 예정이다.

(『남경전사 자료집』)

이 13일에 제16사단에서만 처리(처형)하여 살해된 투항병, 패잔병은 2만 3천 명을 넘는 방대한 숫자였다.

제16사단과는 반대쪽의 남경성 남쪽을 담당한 제114사단은 투항

을 권고하고 포로가 된 중국병사를 살해하고 있다. 같은 사단의 제66
연대 제1대대가 12월 12일 밤, 중화문(中華門)에서 광화문(光華門)에 걸
쳐 성벽 남쪽에서 1천 500여 명의 포로를 어떻게 획득하고 어떻게 처
형했는지, 그 대대의 전투상보戰鬪詳報에 의해 확인해보자.

〔12월 12일 오후 7시 무렵〕 최초로 포로가 생겼을 때 대장은 그
세 명을 전령으로 저항을 포기하고 투항하면 목숨은 살려 줄 것
이라는 뜻을 전하자, 그 효과가 컸다. 그 결과, 우리 군의 희생을
적잖이 줄이게 되었다. 포로를 철도선로 위에 집결시키고, 복장
점검을 하고 부상자는 위로했다. 또 일본군의 관대한 조처를 일
반이 목격하게 하였으며, 다시 전령을 보내 남은 적의 투항을 권
고하게 했다.

〔12일 밤〕 포로는 제4중대 경비지구 내양관內洋館 안에 수용하여
주변에 경계병을 배치하고 식사는 포로 20명에게 징발미로 취사
준비를 시켜 지급했다. 식사 배급은 오후 10시경으로 정해 굶주
린 그들은 다투며 게걸스럽게 먹었다.

〔13일 오후 2시〕 연대장으로부터 아래와 같은 명령을 받았다.
여단(보병 제127여단) 명령에 따라 포로는 전부 죽여야 한다. 그 방
법은 수십 명을 포박해 순차적으로 총살한다.

〔13일 저녁〕 각 중대장을 모아 포로 처분에 대해 의견을 교환한
결과 각 부대에 균등하게 분배하여 감금해둔 방에서 50명씩 데리

고 나가 제1중대는 노영지路營地 남쪽 습지, 제3중대는 노영지 서쪽 움푹 팬 땅, 제4중대는 노영지 동남 습지 근처에서 척살하는 것으로 결정되었다. (략) 각 부대가 함께 오후 5시 준비가 끝난 후 척살을 개시, 대체로 오후 7시 30분 척살을 끝내고, 연대에 보고했다. 제1중대는 최초의 예정을 변경해 한 번에 감금하여 불을 지르려 했으나 실패했다. 포로 중에는 체념한 채 두려워하지 않고 군도 앞에 목을 내미는 사람, 총칼 앞에 몸을 내밀고 침착하게 죽음을 맞이한 사람도 있었지만, 개중에는 울부짖으며 구조를 탄원하는 자도 있었다. 특히 대장이 순시할 때에는 각 장소에서 그 목소리가 울려 퍼졌다.

(『남경전사 자료집』)

만국평화회의 제23조에 전투 중 금지사항으로 '적국 혹은 적군에 속한 자를 배신하는 행위를 할 때 살상할 것'이 제정되어 있다. 위의 제66연대와 같이 조명助命을 약속하고 투항한 포로를 수용한 후 척살하였으니, 분명한 배신행위이며 중대한 국제법 위반이다. 하지만 전투상보의 기록에는 범죄행위를 저질렀다고 하는 의식이 전혀 없다.

피로 물든 장강

일본군의 추격을 피해 남경 북쪽 성벽을 넘거나 읍강문挹江門을 탈출해 장강 남쪽 연안을 빼곡하게 메운 몇만 명의 군중이 이번에는 성벽과 장강 양측에 둘러싸여 장강 상류와 하류 양측에서부터 일본군이 섬멸군을 전개해 온다는 절망적인 상황에 맞닥트렸다. 이튿날 자정부터 끊이지 않던 군중의 도강 탈출시도는 정점에 달했다. 이제 전투적으로는 무력하게 되어, 모든 수단을 사용해 도강하려고 장강의 흐름에 떠도는 무리가 섬멸의 대상이 되었다.

사사키 도이치의 개인 기록은 「경장갑차 중대 오전 10시경, 우선 하관에 돌진하여 강 위로 도망하는 패적을 소사掃射하기 위해 무려 1만 5천 발의 탄환을 발사했다」고 기록하고 있다. 동시에 제16사단 보병 33연대의 「남경 부근 전투상세 보도」는 이렇게 기록하고 있다.

> 오후 2시 30분, 전위前衛의 선두 하관에 도달, 전면의 적정을 수색한 결과, 양자강 위에 수많은 패잔병이 뗏목이나 그 외에 모든 부유물을 이용하여 강을 뒤덮고 유하하고 있는 것을 발견했다. 바로 연대는 전위 및 속사포를 강변으로 확장해서 강산의 적을 맹사하기 2시간, 섬멸된 적이 2천여 명에 이르는 것으로 판단되었다.
>
> (「남경전사 자료집」)

장강의 흐름에 부유하던 패잔병 및 난민 대군은 강변에서만 아니라, 13일에 장강을 거슬러서 남경에 돌입해 온 해군함대에 의해 살육되었다. 제1소해부대 「남경 소강溯江 작전 경과개요」는 이렇게 기록하고 있다.

오룡산烏龍山 수도水道에서 남경 하관까지(12월 13일)

13시 23분 전위부대 출항, 북쪽 양자강 진지를 포격제압하면서 폐색선을 돌파, 해안 일대의 적의 대부대 및 강 위를 주정 및 뗏목 등에 의해 패주 중인 적을 맹공격, 섬멸 시키는 것이 약 1만에 도달함.

15시 20분 즈음, 하관 부근에 때마침 성밖으로 진출한 육군부대와 협력, 강변의 패병을 총 포격하면서 매자주梅子州 부근까지 진출해 바다에 떠 있는 장애물을 제거한다. 밤새 강위의 패잔병 소탕을 실시하기도 했다.

(해군성 교육국사변관계 소해掃海 연구회 기록)

"밤을 새워가며 강 위의 패잔병 소탕을 수행하거나"라고 하는 것은 다카키 요시카타高木義賢의 『남경성 총공격』에 적혀 있는 "밤이 되면 또 다시 어둠에 휩싸여 패잔병이 건너편 강가로 도망가려고하기 때문에 군함은 일제히 서치라이트를 비춰 기관총 소사를 계속하고 있습니다"라고 한 광경에 해당한다. 그날 저녁 해군 소강부대에게 섬멸 될 것 같은 운명에 처해 있던 중국군 장교 진이정陳頤鼎이 가사하라笠原와의 인터뷰에서 구사일생으로 살아남은 경험을 이렇게 말했다.

일본군의 포로가 되기보다는 장강에서 함께 죽으려고 8명이 판자를 타고 장강으로 나아갔다. 저녁 다섯 시쯤이었다. (략)

그 당시 일본군의 군함이 장강에 와서 순시하면서 장강 위의 패잔병을 소사하기 시작했다. 다양한 기구를 타고, 혹은 붙잡혀서 장강에 표류하는 중국군 장병들이 일본군 기관총의 표적이 되었다. 또한 일본군함에 부딪힌 표류도구와 함께 뒤집혀서 익사한 사람도 많았다. 전우들의 무수한 시체가 끊임없이 가까이에서 흘러가고 있었다. 피로 물든 장강의 처참한 광경은 차마 볼 수 없었다. 군함 위의 일본군들은 장강을 표류하는 무력한 전우들을 살육하고는 박수치며 기뻐하는 모습도 보였다. 그때의 분노를 평생 잊을 수 없다.

(가사하라 「남경 방위군의 붕괴에서 학살까지」)

해군 군의관 야스야마 고도泰山弘道 대령은 「상해전 종군일지」에서 "하관에서 궁지에 몰리자 무기를 버리고 홀몸으로 뗏목을 타고 도망치려고 하는 적을 11전대의 포함砲艦으로 격멸한 사람이 약 1만 명에 이른다"고 쓰고 있다(「남경전사 자료집」).

하관의 중산부두에서 강 건너 포구부두까지 장강의 수류폭은 겨울에도 1.5킬로미터 이상으로, 흘러가기 위해 기선을 통과하는데도 10분 정도가 걸렸다. 작은 배나 뗏목이나 갈대로 만든 배 등을 운 좋게 손에 넣은 패잔병과 난민도 동력이 없는 배로 강 건너 해안까지 도달하는 것이 급선무였다. 일본 육해군의 대살육과 익사·동사凍死를 면한 군민은 간신히 남경 하류에 있는 팔괘주八卦洲라는 큰 모래톱에

표착할 수 있었다.

앞에서 말한 진이정陳頤鼎도 뗏목에 탄 교도총대教導總隊의 간부 간호사의 도움으로 팔괘주로 흘러가는 것이 가능했다. 진이정陳頤鼎이 해안 일대에서 표착 된 엄청난 시체와 장강을 흘러가는 수많은 시체들을 보고 있었다. 팔괘주에는 말 그대로 구사일생으로 도착한 군민 수천 명이 대피해 있었다. 그러나 일본의 군함이 그들을 발견하고 주변을 감시하고 있어, 모래톱에서 탈출할 수 없게 되었다.

진이정陳頤鼎은 유목流木을 모아 뗏목을 만들어 새벽의 짙은 안개를 틈타 북쪽 해안으로 무사히 탈출했지만, 포위된 수천 명의 군민은 강변에 모여 집단학살 당해 시신이 장강으로 흘려보내졌다. 진이정陳頤鼎은 이 이야기를 훗날 듣고 "이런 잔인한 사건은 세계역사상에도 없다"고 비분悲憤에 사로잡혔다(가사히라 「남경 방위군의 붕괴에서 학살까지」).

남경 장강 상류에 큰 강심주江心洲가 있고, 거기는 남쪽 해안에서 200~300미터의 강폭밖에 되지 않아 작은 배와 뗏목으로 쉽게 건널 수 있었다. 12월 14일, 만주에 패잔병이 다수 있다는 정보를 접하고 「잔적 소탕」을 위해 구니자키國崎지대支隊 보병 제41연대(후쿠야마)의 중대는 먼저 투항 한 포로를 이용하여 나머지 중국 병사를 항복시키는데 성공했다. 그 경위를 보병 제41연대 제111중대 「강심주江心洲 패잔병 소탕에 관한 전투상세 보도」에서는 이렇게 기록하고 있다.

중대장의 계획은 오후 7시 30분부터 계속 무기를 지참하고 백기를 들고, 우리에게 투항해온다. 중대장은 무기와 포로를 구분하고 그것을 정리한다. 이보다 먼저 지대장에게 포로처분, 무기 처리에 대해서는 무장해제 후 병기는 중대와 함께, 포로는 나중에 처리하기로 하고 그때까지 동섬同島에서 자활自活하라 명령했다. (략) 포로 2천 350명

(『남경전사 자료집』)

2천 350명의 포로를 어떻게 처리했는지, 발간된 자료에는 기록되어 있지 않다. 그러나 제10군 사령관 야나가와 세이스케柳川平助로부터 「구니자키國崎 지대支隊는 주력을 다해 포구근처를 점령하고, 잔적을 포착하여 격멸할 것」이라는 정집단명령(12월 12일 오후 6시)을 하달하였다(『남경전사 자료집』). 제10군의 방침은 잔적섬멸, 결국 모두 도살되었다. 여섯 번째 사단(사단장 다니 히사오谷壽夫 중장)의 「전시순보」에도, 「남경공격에서의 폭군 5천 500」(『남경전사 자료집』)이라고 기록되어 포로가 어떻게 되었는지는 자료에 없지만, 14일부터 17일에 걸쳐서 중지나방면군 전체가 전개한 포로 대살육을 보면 그 추측이 가능하다.

2. 입성식을 위한 대살육

입성식을 강행한 마쓰이 대장

12월 14일, 일본 국내에서는 전날 남경함락을 축하하는 대대적인 행사와 활동이 정부·기관, 교육계의 주선으로 이루어져 매스컴, 저널리즘이 대성 기운, 전승戰勝 상황을 자극하는 보도경기를 펼쳤다. 남경함락을 학수고대했던 도쿄에서는 그날 밤 시민 40명이 몰려 남경함락 축하의 큰 제등행렬을 실시, 넓은 황궁 주변에는 제등을 든 무리로 가득했다. 이 모양을 『도쿄니치니치 신문』(1937년 12월 15일)은 「대 전승! 환희의 열풍 / 드디어 왔다! 세기의 축제일 / 12월의 도쿄 거리에 17일 빨리 "설날" / 황성은 깃발, 깃발, 깃발의 물결」이라고 보도했다.

1억 국민대망의 「남경함락 공보」를 접한 14일 아침은 동아東亞의 암운을 완전히 쓸어버린 듯이 태양이 찬란히 빛나는 청명한 날씨다. 새벽을 알리는 신문 배달하는 발자국소리가 각 가정에 들릴 때, 라디오 방송이 시작되는 오전 6시 반, 유량한 나팔소리와 함께 임시뉴스를 발표하자 전 국민은 환호의 소리를 질렀다. 아이들은 "만세"를 외쳤다. 국기가 각 문은 물론 시전市電, 시 버스에까지 휘날리고, 여기저기에서 명랑한 만세 소리. 크리스마스나 설날을 일축한 세기의 축제일은 아코 의사赤穗義士가 숙원을 이룬 날처럼 도래했다.

그날 쇼와 천황으로부터 남경 점령을 기뻐하시는 "말씀"이 하사되었다.

육해군 참모장에게 내린 대원수 폐하 말씀
중지나방면의 육해군 모든 부대가 상해부근의 작전에 이은 용맹과감한 추격을 행하고, 수도 남경을 함락시킨 것을 매우 만족스럽게 여긴다. 이 뜻을 장병에게 전한다.　　　　(『남경전사 자료집 2』)

중지나방면군의 마쓰이 이와네松井石根 사령관이나 무토 아키라武藤章 참모부장들이 육군중앙의 통제를 무시하고 강행한 남경공략전이었지만, 결국 대원수 쇼와 천황이 직접 "말씀"을 주실 정도의 큰 공을 세웠던 것이다. 마쓰이 이와네 대장은 "일동 감읍感泣, 즉시 전군에게 영달令達하는 동시에 봉답(삼가답함)의 말을 아뢴다"라고 그날 일기에 썼다. 현지군의 중앙명령 무시, 독단전행에 의한 침략전쟁의 확대를 천황이 추인하여 고무, 격려한다는 구도가 여기에 있다.

천황으로부터 "말씀"이 있던 날, 아직 소주蘇州의 방면군 사령부에 있었던 마쓰이 이와네 대장은 동군 참모장 쓰카다 오사무塚田功 소장 (이미 탕산진湯山鎭까지 이동하고 있었다)에게 12월 17일에 전군 입성식을 거행하므로 그때까지 소탕작전을 끝내도록 남경의 상해파견군 참모 장 이이누마 마모루飯沼守에게 전달하라고 지시했다. 이에 대해서 아 사카노미야朝香宮 상해파견군 사령관은 "소탕중인 현황에서는 17일 은 불가능하다"라고 말했다.

다음 15일에 중지나방면군 사령부의 뜻을 받고 쓰카다 참모장이 탕수산진湯水山鎭(남경성의 동쪽 약 30킬로미터)에 있는 상해파견군 사령 부를 방문하여 입성식을 17일에 행할 것을 재차 통고했다. 파견군은 이때 빨라도 18일에 하면 좋겠다고 건의했다. 게다가 제18사단에서 도 소탕 관계 때문에 입성식은 20일 이후에 실시하도록 요청했다. 이 이누마 파견군 참모장은 재차 쓰카다 방면군 참모장을 방문하여 연 기를 제의했지만 "완강하게 변경할 의사는 없다"고 거절했다.

단, 제18사단은 이미 그날 15일, 사단 독자적으로 입성식을 중산 문中山門에서 실시하고 있었고, 연기요청은 공명功名을 서두르는 중지 나방면군 사령부에 대한 앙갚음의 측면도 있었다. 나카시마 게사고中 島今朝吾 사단장의 일기(12월 14일)에는 "입성식 건, 나는 중산문에서의 입성을 승낙하지 않는다. 그 공명을 다투는 노예인, 이들과 함께 행동 하는 것은 치욕스럽다"라고 격렬한 어투로 혐오감이 드러내고 있다 (『남경전사 자료집』).

제18사단이 중지나방면군 사령부에게 무리한 남경진격을 강요받고 많은 희생을 내며 겨우 남경을 함락시켰더니 이번엔 그 영예를 그들이 독점하고 과시하려하자 그것에 대한 반발이다. 제멋대로 입성식을 실시한 제18사단은 국민정부청사(총통부건물)에 진주進駐하여 국기를 게양, 승리의 축배를 올리고 있다. 그리고 그곳을 사단사령부로 하여 일찌기 호화스러웠던 중앙반점을 사령부의 숙소로 사용할 정도로 나카시마 사단장은 중지나방면군의 남경성 입성에 관한「주의사항」이나 동 사령부의 지시를 무시한, 방약무인이라고 할 수 있는 행동을 취하고 있었다. 한편 마쓰이 이와네 대장은 입성식 결행의 결의를 보이기 위해 그때까지 병과 피로로 체류하고 있었던 소주사령부에서 비행기를 타고 구용句容비행장에 착륙, 오후 3시에 자동차로 탕수진에 도착했다. 마쓰이는 아사카노미야 파견군 사령장을 대신해서 인사하러 간 이이누마 참모장을 향해 단호히 입성식은 17일에 거행할 것을 전했다(「이이누마 마모루 일기」).

남경성의 안팎에서 소탕작전을 전개하고 있는 현지군에 의해 입성식 연기가 여러번 건의되었음에도 불구하고 귀 기울이지 않았던 마쓰이는 12월 18일의 일기에 "그래서 예정되어있던 입성식은 더욱 시기가 너무 이른 것 같은 느낌이 들지만, 입성을 늦추는 것도 그다지 좋지 않아, 단연 내일 입성식을 거행하기로 결정하다"라고 쓰여 있다(「마쓰이 이와네 대장 진중일기」).

마쓰이의 입장에서 보면, 자신이 참모본부의 제지를 뿌리치고 강행한 남경공략전을 일본국민이 환영하고 중지나방면군의 진격에 전

국민이 열광하며 멋진 국민정부의 수도를 함락시켜 「지나웅징」의 대군공을 올림으로 국내에서는 국민 모두 열광적으로 축하하고, 천황께 격찬의 "말씀"이 하사된 것이다. 이때 마쓰이의 최대관심사는 일본 전 국민이 주시할 남경 입성식을 하루라도 빨리 거행하기 위해 공문화空文化되어 있는 「남경성의 공략 및 입성에 관한 주의사항」의 준수를 엄명하거나 입성한 일본군의 전투태세를 재정리하고 신속히 전투단계에서 점령통치단계로 바꾸기 위한 조치를 취한다는 것은 본래의 사령관이 실시해야 할 계획에는 없었다. 게다가 마쓰이는 "한때 우리가 장병에 의해 소수의 약탈행위(주로가구 등)와 강간 등도 다소 어쩔 수 없는 실정"이라고 일기에 기록하고있는 것처럼 일본군의 불법행위에 대해 진지하게 단속하려는 의지는 없었다.

입성식을 위한 「잔적대소탕」

공명심에 들떠 있던 마쓰이 이와네 사령관과 중지나방면군 사령부가 17일에 입성식을 강행하기로 했기 때문에 일본군은 14일에서 17일에 걸쳐 남경성 안팎에서 전군 모두 철저한 「잔적 소탕·섬멸」 작전을 수행하게 되었다. 대대적인 보도진에 의해 일본국민에게 보도된 「전대미문의 성사成事, 적의 수도에 황군 입성」의 일대 세레모니 날에 식장은 물론 성안, 성밖에도 패잔병이나 편의병에 의한 게릴라 활동과 같은 일이 벌어지면 황군의 위신이 손상받게 된다. 게다가 상해파견군 사령관·아사카노미야 야스히코 중장(구니노미야 아사히코의 8번째 아들)은 황족으로 「궁전하宮殿下」, 「황족宮樣」이다. 천황 군대의 상징인 황족 사령관의 몸에 만일 불상사가 발생하게 되면 천하의 중대사로 당연 관계자의 인책문제로 이어진다. 남경성의 수도반점에 사령부를 둔 아사카노미야朝香宮에 대해서는 각 병대에서 보초를 파견하여 엄중한 경계체제를 취했고 「중산문의 바로 앞에 궁전하(아사카노미야)가 입성하기 위해 한때 통행이 금지되었다」(「마키하라 일기」)라는 특별경비체제가 취해진 적도 있었다. 이렇게 17일에 입성식을 거행하기 위해 남경성 지역뿐만 아니라 근교 농촌에 이르기까지 가혹한 「잔적대소탕작전」이 전개되고 살육의 실상 일부분을 구역별로 소개한다.

(1) 남경성내

남경성내의 「잔적 소탕」의 한례를 제9사단보병 제7연대의 한 병사는 이렇게 기록하고 있다.

[12월13일] 시내라고 해도 대도시 남경에 극히 일부분이 근접해 있는 소범위에 불과하지만 엄청나게 많은 청년들을 사냥하러 온다. 여러 각도로 조사해서 적군인 듯한 21명을 남기고 나머지는 방면한다.

[12월 14일] 어제에 이어 오늘도 시내 전적소탕으로 많은 인원이 잡혀 왔는데 젊은 남자가 대부분이다. 구두를 신고 있는 사람, 극

히 자세가 좋은 사람, 예민한 사람 등 잘 조사하여 남겼다. 어제 21명과 함께 사살한다.　　　　　　　　　　(『남경전사 자료집』)

다딘 기자는 많은 민간인을 살해한 성내의 「잔적 소탕」 상황을 이 렇게 기록한다.

> 남경의 남성은 아이를 제외하고는 누구나 일본군에게 병사 혐의 를 받았다. 등에 배낭이나 총 자국이 있는지를 조사하고, 증거가 없는 남성 중에서 병사를 골라내는 것이다. 하지만 대부분의 경 우, 군과는 관계없는 남성이 처형집단에 들어가게 되었다. 또 원 래 병사였던 일을 눈감아줘서 목숨을 건지는 경우도 있었다. 남 경소탕을 시작하고 나서 3일 사이에 1만 5천 명의 병사를 체포했 다고 일본군 스스로 발표하고 있다.
> 게다가 그때 2만 5천 명이 아직 시내에 숨어있다고 강조했다. (략)
> 일본군이 시내의 지배를 확고히 하고 있는 시기에 외국인은 시내 를 돌아다니며 민간인의 시체를 매일 목격했다. 노인의 시체는 길 위에 엎드려져 있는 것이 많았는데, 병사 기분에 의해 등 뒤에 서 공격받은 것이 분명했다.
> 　　　　　　　　(『뉴욕타임즈』 1938년 1월 9일, 『미국관계 자료편』)

또한 스틸기자는 「일본군은 이 잡듯 샅샅이 집을 수색해 가며 다 수의 편의병 용의자를 잡아내고 있었다. 잡힌 다수의 사람들이 한 사람 한 사람 총살되어 가고, 그 옆에 같은 사형수가 멍하니 앉아서 자기 차례를 기다리고 있다(『시카고·데일리 뉴스』 1937년 12월 17일, 『미국관계 자료편』)라고 보도하고 「일본군에게는 이것이 전쟁일지도 모르지만 나에겐 단순한 살육처럼 보인다」(1938년 2월 3일)라는 감상을 적었다.

스틸기자가 말하는 "편의병 용의자"의 살육이 민간인의 희생을 확대시켰다. "편의병"이란 민간인의 평복을 착용하고 단독 또는 소그룹으로 게릴라적인 전투행동을 하는 전투자로, 민병이나 의용대도 여기에 속했다. 상해전에는 시민이나 학생도 항일전에 참가했기 때문에 그런 "편의병"이나 "편의대"가 존재했지만, 남경에서는 그런 민중 측의 무장조직은 없었다. 남경에서 일본군이 "편의병"이라고 간주한 사람은 전투의욕을 잃어 무기와 군복을 버리고 시민이나 난민 사이로 도망쳐 들어간 패잔병이며 본래의 "편의병"은 아니었다.

스틸기자가 "약식재판 없이 살육되었다"라고 지적한 것처럼(1937년 12월 18일), "편의병 용의자"는 설령 약식재판으로라도 무기탄약을 휴대한 전투행위자라는 것을 확인하는 군사재판 절차가 필요했다. 그런 것을 일절 하지 않고 "편의병 용의자"만으로 처형한 것은 분명히 전시국제법에 위반되는 학살행위였다(편의병과 국제법의 문제에 대해서는 요시다 유타카吉田裕 「15년 전쟁사연구와 전쟁책임문제」를 참고).

남경공략전하의 남경에서 머물며 취재생활을 계속하고 있던 4명의 외국인 기자는 무선기사의 발신으로 이용해 온 미함대 파나이호가 격침당하고 일본군 점령하에서는 이제 기사 송신수단이 없어, 12

월 15일에 파나이호 생존자를 태운 미함대 오아후가 하관下關부두에 들렀을 때 승선하여 남경을 떠나 상해로 향했다. 이때 다딘 기자는 "패잔병소탕" "편의병 소탕"으로 잡혀 운행되어 가던 군민의 처형장면을 목격했다.

> 상해행의 배에 승선하려는 순간에 기자는 부두에서 200명의 남성이 처형당하는 것을 목격했다. 살해시간은 10분이었다. 처형자는 벽을 등지고 나란히 서서 사살당했다.
> 그리고 권총을 손에 든 많은 일본병사는 엉망이 되어 있는 시체 위를 아무렇지 않게 짓밟고 조금이라도 움직이는 사람이 있으면 총을 쏘아 댔다. 그 소름끼치는 일을 하고 있는 육군병사는 부두에 정박하고 있는 군함에서 해군병을 불러들여 그 광경을 구경시켰다. 구경꾼의 대부분은 분명히 그 구경거리를 매우 즐기고 있었다.
> (『뉴욕타임즈』1937년 12월 18일, 『미국관계 자료편』)

(2) 난민구

남경성내를 동서남북으로 4등분한 그 서북부에 남경 난민구역(남경 안전구역)이 있었다. 면적은 그 서북부의 남쪽 대부분, 다시 말하자면 남경성내의 대략 8분의 1에 해당한다. 도쿄로 말하자면, 다이토구台東区나 주오구中央区보다 약간 좁은 면적에 해당한다. 남경전이 드디어 실현된 11월 하순, 전화에 휘말린 시민과 난민을 구제하기 위해 남경에 남을 것을 결의한 외국인에 의해 남경 난민구역이 설정되었다. 독일인 상사원, 미국인 선교사·교수 등 외국인 22명이 남경 안전구 국제위원회(위원장은 독일인 존·H·D·라베)를 조직하고 기획, 운영, 지도를 맡았다. 라베(지멘스사 남경지사 지배인)가 위원장이 된 것은 "독일인이라면 일본당국과 원만하게 교섭할 가능성이 있다"라고 생각되었기 때문이다.

이 난민구에 남경성 구역의 시민이나 남경성 주변 근교의 농민 및 멀리 상해공략전이나 남경진격전을 피해서 온 난민이 가장 많을 때에는 약 25만 명이나 피란해 왔다. 라베는 "우리는 25만 명의 난민으로 구성된 「인간 벌집」속에 살게 되었다. 최악의 경우에는 예상했던 것보다 5만 명 많았다"라고 쓰고 있다. 게다가 국제위원회는 음식을 전혀 가져오지 않은 극빈자 6만 5천 명을 위해 25개의 난민수용소를 개설하고 음식을 무료로 제공했다. 라베가 "결국 난민구위원회는 이 정도로 방대한 난민을 위해서 집단수용시설 설치, 식료품 지급, 안전 확보, 병원·의료기관의 확보와 위생설비 설치, 치안, 질서유지를 위한 경찰 행정 시행 등을 집행하는 체제를 조직하고 지도한 것이다. 그것이 가능했던 것은 미국인 선교사·교수들이 중국의 대홍수·대기근 등이 발생할 때마다 난민구제생활에 종사하고, 중국인 조직과 지도에 숙달되어 있기 때문이었다(가사하라 「발견된 남경학살의 증언」).

이 난민구에 12일 밤부터 있었던 남경방위군의 붕괴에 의해 철퇴할 기회를 잃은 많은 패잔병이 무기를 버리고 군복을 벗고 도망쳐 들어왔다. 안전구 국제위원회 회원이 일본군은 국제법을 존중할 것이라고 믿고 중국부대를 설득하여 무장해제시키고 난민구역에 수용한 사례도 있었다. 국제위원들은 시가전市街戰에 의해 주위에 피해가 미치는 것을 방지하려고 했던 것이다. 많은 패잔병과 무장해제된 중국병이 있는 것을 알았던 일본군은 난민구 일대에 철저한 "패잔병 소탕"을 실시했다. 난민구의 "패잔병 소탕"을 담당했던 것은 제18사단과 제9사단 부대였다. 중산북로中山北路의 북측 구역을 담당한 제18사단보병 제38연대 「전투상보」(12월 14일)에는 "적은 통제하에 우리와 교전 의도를 가진 것 같지는 않지만, 패잔敗殘 잠재하는 수는 적어도 5, 6천 명이 된다"라는 판단하에 "남경북부 성내 및 성외를 철저하게 소탕한다"라는 「보병 제38연대 명령」을 내렸다고 한다(『남경전사 자료집』).

마찬가지로 제18사단의 보병 제20연대가 담당한 난민구 북부와 그 주변에는 화교여관이나 육군대학, 사법부, 최고법원 등 공공건물이 난민수용소로 되어 있었다. 그 중 한 곳으로 소탕을 간 동연대의 마스다 로쿠스케增田六助 하사는 이렇게 기록하고 있다.

날이 밝아 14일 오늘은 국제위원회가 설치하고 있는 난민구로 소탕하러 간다. 어제까지 필사적으로 저항하고 있던 수만의 패잔병은 사방팔방 포위되어 누구 한 사람도 도망치지 못한다. 결국 이 난민구로 도망쳐 들어오는 것이다. 오늘이야말로 이 잡듯이 샅샅이 뒤져서라도 찾아내어 죽은 전우의 한을 풀어주려고 단단히 마음먹고 배치되었다.

각 소대가 나뉘어 각각 복잡한 지나 가옥을 일일이 수색해서 남성은 전부 신문했다. 그 중 큰 건물 안에 수백 명의 패잔병이 군복을 벗고 편의로 갈아입고 있는 모습을 제2소대의 연락병 마에하라 하사 등이 발견했다. 뛰어 들어가 보니 별로 긴장하지 않아도 될 정도의 패잔병이었다. 옆에는 소총, 권총, 청룡도 등 병기가 산처럼 쌓여 있는 것이 아닌가. (략)

닥치는 대로 잡아당겨 발가벗긴 후 소비품을 검사하고 도로에 늘려있는 전선으로 염주처럼 연결했다. 오니시 하사, 이모토 하사를 비롯해서 신경이 곤두 서 있는 자들은 나무가지나 전선으로 전력을 다해 폭력을 휘두르면서 "네놈들 때문에 우리는 이렇게 고생하고 있다고" 철썩 "네놈들 때문에 얼마나 많은 전우가 희생되었는지 알고 있냐" 철썩 "네놈들 때문에 얼마나 많은 국민이 울고 있는지 알고 있어?" 철썩철썩, 에잇, 이 아귀餓鬼 같은 놈 "예끼 이 아귀도" 맨몸의 머리며 등이며 걷어찬다. 세게 때린다. 두드린다. 제각기 기분 전환을 했다. 적어도 300명 정도는 있다. 너무 많아서 처치 곤란했다. 한참 후에 안전구 위원회의 완장을 달고 있는 지나인에게 "지나병이 있느냐"고 물으니 맞은편 건물을 손가락질하며 "많이 있다"고 답한다. 그 집으로 들어가자 피란민이 가득했다. 그 안에서 의심스러운 천 명 남짓을 골라내 한방에 넣고, 또 그 안에서 분명히 병사인 사람만을 추려내어 최후로 300명 정도를 결박했다. (략)

땅거미가 질 무렵 600명에 가까운 패잔병 대군을 억지로 끌고 현

무문玄武門에 도착해 그 근처에서 한 차례 총살한 것이었다.

(『남경역사 자료편』)

패잔병에게 폭행을 가하는 일본병사의 심리에는 일본병사가 중국병사 혹은 중국민중을 향해 품은 도착된 적개심이 잘 나타나 있다. 예기하지 않고 발발한 중일전면전쟁에 끌려나와 상궤를 벗어난 남경진격 난행군을 강요당해 적당주의적인 작전지도와 탄약보급 부족으로 많은 전상자를 낸 사실로부터 느끼는 원한과 분노가 군·정부나 상급지휘관에게 향하는 대신에 항전하는 중국군과 항일적인 민중이 있으니까 "우리가 이렇게나 고생하고 있는 거야" "많은 국민이 울고 있는 것이다"라고 하는 도착된 적개심으로 바뀌었던 것이다. 더욱이 전사한 동료의 원한을 갚는다고 하는 복수심 등이 증폭되어 쉽게 중국군민을 살육하는 심리가 된 것을 알 수 있다.

난민지구의 중심부는 제9사단보병 제7연대(가네자와)가 소탕작전을 담당했다. 12월 14일에 난민구에서 일어난 "패잔병 사냥"의 실체를 피란처 국제위원의 피치목사는 이렇게 이야기하고 있다.

12월 14일, 일본군 연대장이 안전구 위원회 사무소를 방문하여, 안전구로 도망쳐 온 6천 명의 전 중국병사─그의 정보에는 그렇게 되어있다─의 신분과 거처를 알려주길 요구하였으나, 거부당했다. 거기서 일본군의 수색대가 본부 근처의 야영 막사에서 총살할 1천 300여 명의 제복을 입은 중국군이 체포되었다.

안전구 위원회가 항의하자 그들은 어디까지나 일본군의 노동요원에 지나지 않는다고 말했기 때문에, 이번에는 일본대사관에 항의하러 갔다(12월 13일에 일본군과 동시에 남경에 입성해 있었다). 그리고 돌아가는 길에 어둠 속에서 그 심부름꾼은 1천 300명이 줄에 묶여있는 것을 목격했다. 모두 모자도 쓰지 않은 채 모포라던가 다른 소지품도 전혀 가지고 있지 않았다. 그들을 기다리고 있는 것은 분명했다. 목소리 하나 내는 사람도 없이 전원이 강제로 행진해 도착한 강가에서 처형당했다.

(『사우스 차이나·모닝·포스트』 1938년 3월 16일, 『미국 관계 자료편』)

이렇게 난민지구에서 끌려나와 패잔병으로 집단사형당한 자들 중 안전구 국제위원회 위원장인 라베가 설득하여 무장해제한 중국병사도 포함되어 있었다. 그것은 이전 날 13일 일이었다.

안전구 북쪽 모퉁이에서 나는 완전 무장한 약 400명의 중국병사 부대를 최초로 만났습니다. 나는 먼 곳에서 기관총으로 무장하고 진격해오는 일본군에 대해 위협을 느끼고 무기를 버렸습니다. 나를 무장해제시킨 후 안전구 야영막사로 들어갈 것을 권했습니다. 그들은 잠시 숙고한 후 동의했습니다.

(「남경사건·라베 보고서」)

라베는 진격해오는 수천 명의 일본군과 시가전을 해도 전멸할 뿐이고 무장병사가 안전구로 도주하면 전투가 안전구 내에도 미친다는 사실, 무엇보다도 무장을 해제하면 일본군의 포로가 되어도 생명은 보장된다고 생각했기 때문이었다. 하지만 이렇게 자신이 설득한 중국병사가 연행되어 처형당한 사실에 대해 "나는 또 생각을 잘못한 것입니다" "내게 그런 행동을 할 권한이 있었던 것일까? 이건 바른 행동이었을까?" 하는 양심의 가책을 느끼며 괴로워하게 되었다. 한편으로는 혹시 시가전이 일어나면 많은 일본병사도 분명 사망했을 테니 자신의 행동이 전시국제법(戰時国際法)을 위반한 "일본병사의 목숨만을 구한 일이 되었다"는 것을 후회하는 마음도 있었다.

남경 입성식을 하루 앞둔 12월 16일이 되자 난민지구에서의 "패잔병 사냥"은 한층 과혹해졌다. 그 이유는 그날의 이이누마 마모루飯沼守 상해파견군 참모장의 일기에서 알 수 있다.

> 오후 1시 출발, 입성식장을 대강 순시하고 3시 30분경에 돌아오다. 다소 염려도 된다. 조 중령(상해파견군 사령부 참모부 제2과장·조이사무長勇)의 귀환 보고에 의하면 16사단 참모장은 책임을 지지 않겠다고까지 말했고, 이미 명령을 하달받고 여러 번 말씀드렸지만 듣지 않았다. 또 단호하게 참가를 거절할 정도로 큰 문제라고 생각되지 않아, 결국 걱정되어 동행하기로 결정하다. (략)
>
> 조 중령이 밤에 다시 찾아오기도 하고, 16사단은 소탕에 곤혹을 당하며 3사단을 소탕에 사용하여 남경근처를 철저히 할 필요가 있다고 건언建言하다.
>
> （「이이누마 마모루 일기」）

입성식을 17일에 결행하는 것에 급급했던 마쓰이 사령관 등이 중국방면군 사령부에 대한 반감을 토로했지만, 그래도 어쩔 수 없이 실시한다고 정해진 이상 최대의 걱정은 대로를 마상馬上 행군하는 황족·아사카노미야 사령관의 신변에 혹시 무슨 일이나 일어나지 않을까하는 것이었다. 이이누마 참모장이 주의하면서 동행하겠다는 상대는 아사카노 미야朝香宮다. 다소 걱정도 있어, 제16사단의 소탕만으로는 불안했기에 제3사단(나고야)도 투입하여 남경성 주변을 철저하게 소탕하게 하자고 말한 것이다.

입성식은 동쪽의 중산문中山門에서 육군방면군 수뇌가 입성하여 중앙부에 있는 축하회장의 국민정부청사로 행군하여 북쪽의 읍강문挹江門에서 해군 제11전대 수뇌가 입성해 같은 축하회장으로 향할 예정이었다. 육군과 해군의 지휘관이 남경성내 중심부를 피해 행진하는 이 계획을 실행하기 위해서는 성내에 패잔병이 잠복할 가능성을 철저하게 제거해 두어야만 했다. 난민구는 그 주변이 마침 행진경로였고 회장会場의 국민정부청사와는 1킬로미터도 떨어져 있지 않았다.

난민구「패잔병 사냥」을 담당한 제9사단 보병 제7연대는 전날 밤에 다음과 같은 명령을 하달했다.

연대는 내일 16일 전력을 난민구로 향해 철저하게 패잔병을 포착 섬멸하기로 한다. 각 대대는 내일 16일 이른 아침부터 그 맡은 소탕지구 내의 소탕, 특히 난민구 소탕을 속행할 것.

(『남경전사 자료편』)

위의 명령에 따라 16일에는 난민구에서 남자 난민을 타킷으로 「패잔병 사냥」이 대대적으로 실시되었다. 그 모습을 같은 보병 제7연대 병사는 일기에 이렇게 기록하고 있다.

오후, 중대는 난민구 소탕에 나섰다. 난민구 가로街路교차점에 착검着劍한 보초를 배치해 교통을 차단하고 각 중대가 분담한 지역을 소탕한다.

눈에 띄는 대부분의 젊은이는 잡아들였다. 어린이 전차놀이 요령으로 줄의 테두리 안에 수용하고, 주위를 착검한 병대가 에워싸서 연행해 온다. 각 부대는 모두 몇백 명씩 잡아들였지만, 제1중대는 눈에 띄게 적은 편이었다. 그래도 백 수십 명은 연행해 왔다. 그 뒤를 이어 가족으로 보이는 어머니와 아내 같은 사람이 울며 방면을 호소했다.

시민으로 인정되는 사람은 바로 돌려보내고 36명을 총살한다. 모두 울면서 필사적으로 구명을 청했지만 어쩔 수 없다. 진실을 밝힐 수 없지만 불쌍한 희생자가 다소 포함되어 있다고 해도 어쩔수 없는 일이라 말한다. 다소의 희생자는 피할 수 없다. 항일분자와 패잔병을 철저히 소탕하라는 군사령관 마쓰이 대장의 명령이 하달되었기 때문에 소탕은 냉엄하게 이루어졌다.

난민구 「패잔병 사냥」을 담당한 제9사단 보병 제7연대장 이사 가즈오伊佐-男 대령의 일기(12월 16일)에는 "3일에 걸친 소탕으로 약 6천 500명을 엄중히 처분하다"라고만 간단히 기록되어 있다. 이 숫자는 14일에 안전구 사무소를 방문한 일본군 연대장이 "안전구 내에 6천 명의 전직 중국병사가 도망와 있다"고 피치에게 알린 숫자에 부합한다. 하지만 살육당한 사람은 과반수가 일반 시민이었다. 라베는 이 "엄중처벌"의 실상을 이렇게 기록하고 있다.

무장해제 당한 부대의 사람, 또는 그날(12월 13일) 중에 무기를 가지지 않고 안전구에 보호를 요청해 온 수천 명의 사람들은 일본인에 의해 난민 무리 속에서 분류된 것이었습니다. 손을 검사했습니다. 총의 개머리판을 손으로 사용한 적 있는 사람이라면 손에 군은살이 박인다는 사실을 알고 있겠죠. 등에 배낭을 멘 흔적이 남아 있지는 않은지, 발에 행군으로 인한 군화 흔적이 생기긴 않았는지, 혹은 아직 모발이 병사처럼 짧게 깎여 있지 않은지 등도 조사했습니다. 이러한 흔적이 있는 사람은 전직 병사로 의심받아, 포박당해 처형장으로 끌려갔습니다. 수천 명의 사람이 이렇게 기관총사살 혹은 수류탄으로 살해된 것입니다. 무서운 광경이 전개되었습니다. 특히 찾아낸 전직 병사의 수가 일본인이 보기에는 지나치게 적다고 생각되었기 때문에 전혀 관계없는 수천 명의 민간인도 동시에 사살했던 것입니다.
게다가 처형방법도 엉성했습니다. 이렇게 처형당한 자들 중 적지 않은 사람들이 그저 총 소리에 기절했을 뿐이었지만, 그 후 사체와 똑같이 가솔린을 뒤집어쓰고 산 채로 태워졌던 것입니다. 그 정도로 지독한 취급을 당한 사람들 중 수 명이 고루鼓楼병원으로 옮겨져 사망하기 전 잔인한 처형에 대해 이야기했던 것입니다. 나도 이들의 보고를 받았습니다. 우리는 이들 희생자를 영화로 촬영하고, 기록으로 보존했습니다(전술의 마기목사 촬영필름). 사살은 양자강 연안이나 시내의 빈 땅, 혹은 여러 작은 늪 기슭에서 행해졌습니다.   (「남경사건·라베보고서」)

(3) 장강 연안

제13사단(센다이)의 야마다 지대支隊는 남경성을 공략한 다른 사단보다 늦게 장강 하류 방향에서 남쪽 연안을 따라 진격하고 있다. 이 지대는 13일 오후에 오룡산 포대(남경성까지 17~18킬로미터)를 점령, 연자기燕子磯(남경성까지 십수 킬로미터)를 통과해 막부산 포대를 향해 직진했다. 연자기에서 상원문까지 장강 남쪽 연안에 막부산의 험준한 절벽이 10킬로미터 가까이 늘어서 있다. 그곳에는 막부산 표면이 강의 침식에 의해 만들어진 작은 평지가 장강을 따라 띠 모양으로 이어져 있을 뿐이었다. 하관 일대에서 이어지는 이 띠 모양 지대에 남경성 함락과 함께 패잔병과 피란민 무리가 장강 하류를 향해 도망쳐왔다. 야마다 지대의 진격이 늦었기 때문에 난민으로 변한 대군의 군민 물결이 이 지역으로 쇄도한 것이었다. 그곳에 13일 저녁부터 다음 날 이른 아침에 걸쳐 야마다 지대가 하류로부터 진군해왔다. 남쪽은 절벽의 바위산으로 가로막혔고 북쪽은 큰 장강으로 막혀 있어 탈출해온 하관 일대의 장강 연안에는 일본군의 대살육이 행해지고 있었다. 그야말로 절체절명의 사태에 몰려있는 것이었다. 야마다 지대의 제5중대장 대리 쓰노다 에이치角田榮 ─ 소위는 이때의 체험을 이렇게 회상하고 있다.

> 우리 120명이 막부산幕府山으로 향했지만 초승달이 떠 있고, 그 달빛 속에 엄청난 대군의 검은 그림자……. 나는 바로 '전투가 일어나면 전멸이겠구나'라고 느꼈다. 나는 어차피 죽을 것이라면 배짱을 부리고 싶어 도로에 앉아 담배에 불을 붙였다. (략)
> 그런데 가까이 다가온 그들에게 기관총을 발사한 순간 모두 손을 올리고 항복해 버렸습니다. 그들은 이미 전의를 잃었던 것입니다.
>
> (『남경전사』)

야마다 지대가 포박한 포로 수에 대해 지대장인 야마다 센지 소장의 일기에는 이렇게 기록되어 있다.

> [12월 14일] 타 사단에게 포대를 빼앗기는 것이 두려워 오전 4시 반 출발, 막부산 포대로 향하다.
> 날이 밝아 포대 근처에 도달했더니, 투항병이 방대하여 처신이

곤란하다.

포로 처치가 곤란한데, 마침 발견한 상원문 밖 학교에 1만 4천 777명을 수용하기도 했다. 너무 많아 죽이는 것도 살리는 것도 곤란하다. 상원문 밖의 삼헌옥三軒屋에 묵는다.

[12월 15일] 포로 처분과 그 외의 건으로 혼마本馬 기병소위를 남경으로 파견하기로 하다. 전부 죽이라는 명이 하달된다. 각 부대에 식량부족이 매우 심각하다.

(『남경전사 자료편 2』)

위의 방대한 포로 처치를 위해 상해파견군 사령부의 지시를 요청해 놓은 상태에서, 입성식을 미루고 패잔병·포로를 철저히 섬멸할 방침을 고수하던 상급으로부터 포로 전원 처형명령을 받았던 것이다.

야마다 지대에서는 이들 방대한 포로나 피란민을 16일과 17에 걸쳐 살육했다. 16일에 대해 보병 제65연대 제8중대 엔도 다카아키遠藤高明소위의 진중일기에는 이렇게 적혀 있다.

포로 총 수 1만 7천 25명, 저녁 무렵부터 군 명령에 따라 포로 3분의 1을 강기슭으로 끌어내 제1대대가 사살하다. 하루 두 홉씩 급양給養하기 위해 백 섬이 필요하다. 병사 자신의 징발로 급양한 오늘, 도저히 불가능하다고 판단한 군으로부터 적당히 처분하라는 명령이 있었다. (『남경대학살을 기록한 황군병사들』)

야마다 지대산 포병 제19연대 제3대대 구로스 다다노부黑須忠信 상등병의 진중일기는 이렇게 기록한다.

> 오후 1시, 우리 단열段列¹에서 20명은 잔병소탕을 목적으로 막부산 방면으로 향하다. 2, 3일 전 포로로 받은 중국병사 일부 5천 명을 장강 연안으로 끌어내 기관총으로 사살하다. 그 후 총검으로 마음대로 찌른다. 자신도 이 순간뿐이라는 생각에 미운 중국병사를 30명이나 찔렀던 것이다.
>
> 산처럼 쌓인 시체 위에 올라가서 푹푹 찌르다보니 도깨비도 물리칠 정도의 용기가 생겨 있는 힘껏 찌른다. '웅웅' 울리는 중국병사의 목소리, 노인도 있고 아이도 있다. 한 명도 남기지 않고 죽인다. 검을 빌려 목도 베어보았다. 이런 건 지금까지 없었던 진귀한 경험이었다.
>
> 돌아갈 때는 오후 8시가 되었고 팔은 상당히 아팠다.

위의 일기에서부터 포로에 섞여 있던 아이나 노인 피란민도 같이 살해됐다는 것을 알 수 있다. 보병 제65연대 제1대대 아라우미 세에이荒海淸衛 상등병의 진중일기에는 "오늘은 남경에 입성했다(일부분). 우리는 오늘도 포로 뒤처리다. 1만 5천 명. 오늘은 산에서"(『남경전사

---

1 군사조직의 작전에 있어 필요한 후방 지원을 하는 것.

자료집2』)라 기록되어 있다. 야마다 지대는 12월 14일에 수용한 1만 4천 777명의 포로에 더해, 다음 15일에도 "오늘 하루 포로가 많이 늘어나 바쁘다"(『남경전사 자료집 2』「아라우미 세에이 진중일기」)며 포로를 포함해 총 약 2만 명의 포로·피란민을 이틀에 걸쳐 살육했다(와타나베 히로시『남경대학살과 일본군』은 2만 수천 명이 살해됐다고 한다). 그 시체 처리도 대단했다.

야마다 센지山田栴二지대장의 일기에는 이렇게 간단히 기록되어 있다.

> 12월 18일 맑음, 포로 처치로 부대는 정신없다. 강기슭에서 이들을 시찰하다.
> 12월 19일 맑음, 포로 처치로 출발연기. 오후 총출동을 위해 노력하다. (『남경전사 자료집 2』)

보병 제65연대 제7중대 다이지 다카시大寺隆 상등병의 진중일기에는 이렇게 적혀 있다.

> 12월 18일 ……어젯밤까지 죽인 포로는 약 2만, 양자강의 두 곳에 산처럼 쌓여 있다고 한다. 7시지만 아직 정리부대는 돌아오지 않고 있다.
> 12월 19일 오전 7시 반, 정렬로 청소 작업하러 가다. 양자강 현장

으로 가서 겹쳐 포개진 수백의 사체에 놀란다. 석유를 뿌려 태웠기 때문에 악취가 심했고, 오늘의 사역병은 사단 전부 오후 2시까지 관련 작업을 끝냈다. 점심은 3시다.

(『남경대학살을 기록한 황군병사들』)

학살사체의 처리는 산처럼 겹쳐 포개진 사체 위에 장작과 타는 것들을 아무렇게나 올려놓고 석유를 뿌린 후 불을 붙이고 사체 속에 생존해 있는 자를 소사시켜 마무리를 지은 뒤, 그 진화를 기다려 시체를 장강까지 옮겨가 물속에 던져 넣어 흘려보내는 것이었다. 연대 모두가 함께 2일 동안 대략 2만 명의 포로·피란민 대살육 사체처리를 어떻게든 끝낸 것이다.

(4) 근교의 현성縣城 및 농촌

남경방위군 중, 제66군과 제83군만은 철퇴작전대로 일본군의 정면을 돌파하여 탈출하는 것을 실제로 시도해 보았다. 모두 광동廣東에서 편성된 부대로, 장개석蔣介石 국민당의 직계 중앙군에 대한 지방군이었다. 성내에 있고 비교적 지휘계통도 확실한 제66군을 중심으로 하여 12일 밤, 자금산紫金山의 북쪽 산기슭을 통과하여 몇 번인가 일본군과 조우하여 포위를 돌파하고 남쪽의 안휘성安徽省을 향하여 철퇴해 갔다. 마지막에는 수백 단위의 유격대를 조직해 이동해 갔다.

남경방위군 중에서 일본군에 정면 돌파를 감행한 것은 이들 광동군뿐이었다. 그들이 타향 땅인 장강 북쪽으로 도망가지 않고, 고향인 광동을 향해 남쪽으로 탈출하려던 것은 장병들의 자연스러운 심리였다. 일부라고 해도 중국군이 일본군의 포위망을 돌파한 것은 일본군의 경계심을 강화시켜 남경근교의 현성과 농촌, 특히 남경성에 근접한 구역에 몇 개인가의 부대가 파견되어 "잔적 소탕전"이 이루어졌다. 여기서 촌락소탕에 있어서의 잔학사건의 사례를 든 것은 생략하나 남경근교의 육합六合, 강포江浦, 강녕江寧, 표수漂水, 구용句容, 고순高淳의 각 현지에는 마을에서 일본군이 저지른 살해, 강간, 약탈, 방화등, 남경진격 도중에 행했던 것과 같은 잔학행위가 기록되어 있다. 남경근교의 광대한 평야나 구릉지에 별자리처럼 산재해 있는 무수한 촌락의 촌민 피해가 하나하나는 소규모라도 그 총 수는 방대한 것이었다.

"전대미문의 성사, 감개무량하다"

12월 17일, 오후 1시 반에 남경 입성식이 예정대로 시작되었다. 이 식에는 남경공략전에 참가한 모든 전투부대의 3분의 1이 대표부대로 입성하여 중산문에서 축하회장인 국민정부 청사까지 3킬로미터에 걸쳐 중산동로中山東路의 양측으로 정렬했다.

남경 입성식은 대보도진에 의해 뉴스 영상, 라디오, 신문, 잡지를 통해 대대적으로 일본 국내에 보도되었다. 입성식 세레모니에서 주역을 맡은 마쓰이 이와네 대위는 득의양양했다. 마쓰이는 그날의 전진일기에 이렇게 적었다.

중산문에서 국민정부까지의 양측에는 양군의 대표부대, 각 사단장의 지휘 아래 도열堵列, 나는 이들을 사열하고 말을 전진시켜 양군 사령관 이하 수행하다. 전대미문의 성사, 감개무량하다.

오후 2시가 지나 국민정부에 도착, 하관으로부터 먼저 도착해 입성한 하세가와 해군장관을 만나 축사를 교환한 후, 일동 앞마당에 집합, 국기 게양식에 이어 동쪽 방향을 향해 요배식을 행하고, 나의 목소리로 대원수폐하 만세를 삼창하다. 감개무량하여 삼창을 두 번 하고, 더욱이 용기를 내어 큰 소리로 삼창을 세 번을 했다. 일동은 여기에 동조하여 역사적 식전式典을 종료하다.

(「마쓰이 이와세 대위 진중일기」)

하지만 남경공략전의 전선에서 싸워 온 제6사단 보병, 제45연대의 마에다 요시히코前田吉彦소위와 같은 장교에게는 "입장식이라는 것은 결국 형식적이고, 결국은 일종의 자기도취, 그것도 고급지휘관 한 명의 만족에 지나지 않는 것일지도 모른다"고밖에 생각되지 않았던 것이다(『남경전사 자료집』). 게다가 그 "자기도취" 때문에 방대한 중국인 남자들의 목숨이 「패잔병 사냥」으로 잃게 된 것이었다.

3. 남경 난민구 국제위원회의 싸움

"휴양의 십수일＋数日"

제9사단, 제7연대의 「금성연대사」에는 "남경에 입성하여 잔적을 소탕하고, 십수일 휴양한 제9사단은 소주蘇州를 향해 12월 26일 중산문을 출발했다"라고 기록되어 있다. 남경공략전에 참가한 많은 사단이 남경경비에 잔류한 제16사단을 빼고, 새로이 작전지역을 향해 이동해 간 것은 크리스마스 전후의 일이었다. 그때까지 총 세력 7만 이상의 일본군이 전후해서 남경성내에 진주해, 10일 전후의 "휴양"을 보냈다. 중지나방면군 사령부도 하달한 「주의사정」을 쓸모없게 만들어버렸다. 무리하게 남경공략을 강요당한 장병의 불만·반발의 발산으로서 또는 "위로"로서, 많은 부대가 남경성내에 진주하여 승리자와 정복자의 "특권"으로서 징발, 약탈, 살육, 강간, 폭행, 방화 등의 불법행위를 하는 것을 묵인, 방임하는 형상이 되었다. 게다가 12월 17일

시점에서, 남경성내에 있던 헌병은 거우 17명에 지나지 않았다.

남경공략전은 참모본부의 작전계획에 애초부터 없었기 때문에, 남경을 함락시킨 후에 실행해야 할 명확한 작전이 육군중앙에는 없었다. 육군중앙부내에 국민정부와 정전·평화를 바라는 세력과, 국민정부를 단번에 궤멸시켜 꼭두각시 정부를 수립하여 이것을 대신하려고 하는 세력 즉, 불확대파와 확대파의 대립이 있었던 것도 무책의 원인이 되었다. 이렇게 일본군의 완전점령 아래 외부와의 교통·통신을 차단당해 "육지의 고립된 섬"이 된 남경은 "밀실범죄"적인 환경에 놓였다.

17일에는 남경 입성식 축하 접대술이 상급에 배분되었고, 각 부대에서도 시내에서 징발한 술로 건배하며 각 부대에서 나름대로의 방식으로 축연을 했다. 남경에 있는 대부분의 일본군 병사가 전승축하 분위기에 취해 중국의 수도 남경을 함락시켰으니 이로써 국민정부를 굴복시켜 일본으로 돌아갈 수 있다는 조국개선을 꿈꾸며 잔뜩 취해 있었다.

이 "휴양의 십수일" 병사들의 일기에는 입성식 직후에 전승, 개선, 귀국 이야기가 자자했던 모습이 엿보인다. 귀환전의 여러 가지 선물 이야기를 하며 중산릉中山陵이나 명효릉明孝陵, 더욱이 명소유적이나 남경시내를 참관하는 남경구경도 유행했다. 입성식 이후는 대규모 소탕작전은 산마루를 지나, 기본적으로 전투행위는 없었다. 그리고 많은 부대에서는 시내로 계속 피란하고 사람이 없어진 상점이나 창고에 침입해, 술이나 과자나 여러 가지의 기호품을 징발(약탈)해와, 각각의 방식으로 전승을 축하하며 고향의 지역 자랑 아마추어 연예회까지 열어 귀환, 개선기분에 젖기도 했다. 승리자의 당연한 권리라고 생각하여 전리품을 선물로 여기는 약탈이 성행했다. 명고궁의 고물보존소에 있던 문화재를 비롯해 개선기념으로 귀중한 문화재를 약탈하여 자신의 배낭에 집어넣는 병사도 많았다.

술에 취해 해방기분이 된 자, 반대로 술기운으로 난폭해진 자, 어찌되었든 신분이나 지위의 상하를 가리지 않고 마음 놓고 즐기는 주연적인 분위기 속에서 변덕으로부터의 시민 살해, 기분 전환을 위한 가옥·상점의 방화 등등 일본군의 불법행위는 점점 심해져 갔다. 그 중에도 심각해진 것이 부녀자 능욕 행위의 격발이었다.

입성식 후에 격발한 강간

입성식이 행해진 17일 전후부터 성내에 강간이 격증한 것을 피치 목사는 일기에 기록하고 있다.

12월 17일 금요일, 약탈·살인·강간은 두려워 하는 모습도 없이 계속됩니다. 대략 계산해 보아도 지난밤부터 오늘 낮까지 1천 명의 여성이 강간당했습니다. 어떤 애처로운 여성은 37번이나 강간당한 것입니다. 다른 여성은 5개월 된 갓난아이를 고의로 질식사시

켰습니다. 짐승 같은 남자가 그녀를 강간하는 사이 갓난아이가
우는 것을 멈추게 하려고 한 짓입니다. 저항하면 총검을 휘둘렀
습니다.   (『영문자료편』)

12월 16일에는 「패잔병 사냥」을 위해 민가와 난민수용소를 수색
하러 들어온 일본군이 부녀자를 발견하고 능욕한 사건이 많이 일어
났다. 「패잔병 사냥」은 군대가 그룹으로 나누어 중국인 민가 한 채 한
채에 침입하여 철저하게 조사하는 방법을 취했기 때문에, 들어간 방
안에 숨어 있던 부녀자를 발견하면 강간과 윤간행위에 이르게 되었
다. 그 때문에 자택에서 공포에 질린 부인이 몇백 명이나 도로로 도망
쳐 나와 안전한 장소를 찾아 방황했다. 부녀자만을 수용한 금릉여자
문리학원金陵女子文理學院의 캠퍼스는 이미 1만 명 가까운 난민으로 두
건물을 잇는 복도까지 발 디딜 틈이 없을 정도로 넘쳐났다.
　17일 금릉여자문리학원의 부녀 난민캠프 개설책임자인 미니 보
트린(51세 동학원 교수)은 가도로 나와 그 여성난민을 모아 새롭게 부녀
와 아이들 전용 난민수용소에 설치한 금릉대학 기숙사로 데리고 갔
다. 일본의 능욕으로부터 여성을 지키기 위해 보트린 등의 투쟁이 드
디어 고비를 맞이하게 되었다.

　12월 16일까지 난민은 4천 명 이상 급증하고, 이제 수용한도를 넘
었다고 생각되었습니다. 그러나 우리는 수용을 4천 명에서 멈출

수 없었습니다. 그것은 우리가 여성이 집에 남아 있는 것은 매우 위험하다는 것을 알고 있기 때문입니다. 일본군들은 젊은 여성을 찾으면 짐승처럼 행동했습니다. 그래서 우리는 대학 문을 열어 부녀자 난민의 유입을 받아들인 것입니다. 그 후 수일간 상황은 점점 나빠져 여성 피란민은 새벽과 함께 흘러들어 왔습니다. (략) 최고 때에는 우리 캠퍼스에 만 명의 부녀자를 받아들여야만 했습니다. 피란민들은 캠퍼스 내에 들어오기만 하면 실내에 숙박을 원하지 않고, 실외라도 만족해 했습니다. 시내에서는 12세의 소녀도 50세, 더 나아가 60세의 노파라도 일본군의 능욕에서 벗어날 수 없었던 것입니다.

우리 캠퍼스에 들어온 아내와 딸을 교문에서 배웅하는 그녀들의 남편이나 아버지의 얼굴을 나는 결코 잊을 수 없습니다. 그들은 우리에게 "실외라도 좋으니까 그녀들이 잠을 잘 수 있는 장소를 주세요"라고 부탁할 때 그들의 뺨에는 눈물이 흐르고 있었습니다.

여성은 여성대로 그 수일간 비장한 딜레마로 괴로워하고 있었습니다. 그것은 그녀들이 강간으로부터 구제되어 여기에 온 것은 "가족과 떨어져 남자들만 있는 그들의 남편이나 아들이 연행되어 살해되는 위험이 한층 더 높아졌기 때문입니다. 그 때문에 위험한 시기임에도 우리는 나이 든 부인에게는, 가령 능욕을 당할 우려가 있어도 남편, 아들과 함께 집에 잔류하도록 설득했습니다. 그래서 비교적 젊은 여성을 우리 캠퍼스에 오게 해서 보호하도록 한 것입니다.

여성에 대한 짐승 같은 행위는 계속 이어지고, 그것은 안전구에서 조차 행해지고 있습니다.

(「보트린문고」)

17일도 성내에서 1천 건이 넘는 강간사건이 발생했기 때문에 18일에도 공포에 질린 부인이 도움을 청하며 도로에 넘쳐났다. 보트린은 그녀들을 모아 오후가 되어 거의 500명을 금릉대학의 구내로 데리고 왔다. 그날 그녀들은 노천에서 하룻밤을 지내야만 했다. 그래도 민가에서 능욕당하는 것보다는 안전했기 때문이었다.

그러나 일본군은 금릉여자문리학원에 피란해 있는 여성도 원해왔기 때문에 밤에는 안전구 국제위원회 회원이 입구에서 졸며 일본군의 강제침입을 막지 않으면 안 되었다. 피치는 그 상황을 이렇게 말하고 있다.

술을 마시지 않은 일본군은 특별히 용감한 병사가 아니었다. 들어오려다 위원회 회원에게 발각되어 "나가" "빨리"라고 큰 소리를 치면 모두 사라져 버린다. 그런데 총검의 칼날을 마구 들이대며 폭행하는 술 취한 상대는 그렇게 간단하지 않았다.

(『사우스차이나·모닝·포스터』 1938년 3월 16일, 『미국 관련 자료편』)

고루병원에는 임시로 양성된 간호부 대신에 활약하고 있는 십수 명의 소녀들이 있었다. 18일 밤, 일본군은 병원에 침입하여 간호부까지 강간한 것이다. 현장을 덮친 윌슨 의사는 그 일본군을 쫓아내었지만, 그 병사가 총구를 들이대는 공포도 체험했다. 윌슨은 다음 날, 남경 일본대사관 앞으로 항의와 선처를 구하는 문서를 제출하였다.

입성식 후의 마키 목사의 일기에는 강간당한 11세의 소녀를 병원에 데리고 간 이야기. 「소녀 사냥」의 현장으로 가서 18명의 소녀를 구급차에 태워 고루병원에서 보호한 이야기. 등등 정말로 강간, 강간 또는 강간 이야기로 채운 "마치 공포스러운 꿈이라도 꾸고 있는 듯했지만, 눈을 뜨면 그것이 현실이었다"라고 적고 있다.

술에 취해 흥학해진 병사가 강간이나 살상을 행한 경우가 많고, 그들의 잔학행위를 멈추게 하는 것은 생명의 위험이 따른다. 안전구 국제위원들은 한 사람이 2역이나 3역을 하면서 일본군과 싸움은 계속되었다. 일본군의 입성식 전후부터 격증한 강간사건이 하루 1천여 건 이상이나 발생하고 최초의 일주일간에 8천 명 이상의 여성이 희생당한 가운데 그들은 부녀능욕에 대한 투쟁에 많은 시간을 소비했다.

피해량을 생각하면 악순환하는 것 같지만, 통보받고 구조하기 위해 현장으로 달려가 강간행위를 저지한 것, 강간으로 상해를 입은 여성을 병원으로 이송하여 치료한 것, 그리고 가장 많았던 것은 강간당한 여성을 빨리 병원으로 데리고 가서 임신하지 않도록 질을 세정한 것 등이었다. 밤에는 밤대로 부녀난민을 가까이에서 보호하면서 잘 필요가 있었다. 남경 안전구 국제위원회의 중심 회원으로서 활약한 마이너·S·베이츠(금릉대학 역사학 교수 40세)는 미국의 기독교인에게 보낸 편지 속에 일본군이 행한 강간에 대해 이렇게 적고 있다.

유능한 독일인 동료들은 (안전구 국제위원회원장 라베들의 일) 강간 건수를 2만건으로 보고 있습니다. 나도 8천 건 이하라고는 생각하지 않습니다. 어차피 그 수를 상회하겠지요. 우리 직원가족은 다소 현재 미국인이 살고 있는 주택을 포함하여 금릉대학 구내에서만도 100건 이상의 강간사건의 상세한 기록이 있었고, 300건 정도의 증거도 있습니다.

여기서의 고통과 공포는 당신들은 전혀 상상할 수 없을 것입니다. 금릉대학 구내에서도 11세의 소녀에서 53세가 되는 부인까지 강간 당하고 있습니다. 다른 난민그룹에서는 잔혹하게도 72세와 76세가 되는 노파가 당한 것입니다. 신학원에서는 대낮에 17명의 일본군이 한 사람의 여성을 윤간하였습니다. 실로 강간사건의 3분의 1은 낮에 발생한 것입니다.

(『영문자료편』)

중지나방면의 군사령부가 속수무책으로, 몇만이라는 군기이완한 군대를 10일 전후에도 주둔시켰기 때문에, 전투와는 전혀 관계없는 방대한 여성의 신체와 생명이 희생되었다. 그것도 남경 난민구 국제위원회가 장악한 사례는 일부분에 지나지 않았다. 난민구 외로 더욱 확대한 성밖 교외 근교구에서 행해진 많은 부녀능욕 행위는 기록하는 사람도 증언하는 사람도 없이 역사의 어둠으로 사라졌다.

"크리스마스가 왔다. 거리에는 여전히 살육, 강간, 약탈, 방화가 이어져 공포가 몰아치고 있다. 어느 선교사는 '지옥속의 크리스마스다'라고 말했다"고 보트린이 일기에 적고 있다(「보트린 문서」).

VI 사건의 전모,
   그리고 국제적 영향을 생각하다

촬영자인 마키 목사는 "이 18세의 소녀는 한 달이나 구류되어 연일 강간을 당해 모든 종류의 성병이 옮았다"고 해설(고루병원에서). 국민정부 군사위원회 정치부 『일구폭행실록』소재所載

남경 난민구에서 활동한 외국인들(여기에 열거된 사람들 중에 라베가 독일인이고 그 외는 모두 미국인)

존 라베 John H.D.R.ade

지멘스 남경지사 지배인. 나치 당지부장 대리. 남경 안전구(난민구) 국제위원회 위원장. 귀국 후 남경사건을 히틀러에게 보고, 대중·대일정책 변경을 희망했지만, 역으로 게슈타포에 체포되었다.

존 머기 John G.Magee

미국 성공회 전도단 선교사. 남경 국제적십자위원회 위원장. 남경 안전구 국제위원회 위원. 일본군의 만행을 강하게 비판하고, 양심적인 행동을 한 일본인 장병에 대해서도 사실대로 기록하고 있다.

어니스트 포스터 Ernest H.Forster

미국 성공회 전도단 선교사. 남경 국제적십자위원회 위원장. 카메라가 취미로 많은 기록사진을 남기고 있다.

루이스 스마이스 Lewis S.C.Smythe

금릉대학 사회학 교수. 남경 안전구 국제위원회 위원장. 사회학자로서 남경 전투의 피해상황을 조사하여 정리했다.

조지 피치 George A.Fitch

YMCA 국제위원회 위원장. 중국 소주에서 태어나 중국어 가능. 남경 안전구 국제위원회의 매니저 역을 맡았다.

마이너 베이츠 Miner S.Bates

금릉대학 역사학 교수. 남경 안전구 국제위원회 위원. 위원회의 중심 회원으로서 재정실무나 일본대사관에 대한 항의 교섭을 담당했다. 지일파知日派로서도 알려져 있다.

로버트 윌슨 Robert O.Wilson

금릉대학 부속병원(고루병원) 의사. 남경 국제적십자위원회 회원. 남경 점령시 유일한 외과의사로서 의료 활동에 종사.

미니 보트린 Minnie Vautrin

금릉여자문리학원 교수, 선교사. 남경 국제적십자위원회 위원. 강간, 폭행을 방지하기 위해 헌신적인 활동을 계속했다. 1940년 미국에 귀국하여 이듬해 자살.

1. 육지의 고도孤島·남경에서 계속되는 잔학행위

배신의 「군민兵民 분리」

12월 23일, 마쓰이 이와네松井石根 중지나방면 군사령관은 해군의 수뢰정水雷艇에 편승하여 남경을 떠나 장강에 내려서 상해로 향했다. 그날 일기에 "상해 출발 이후 정확히 2주 만에 남경 입성의 대 장거를 완성하고 돌아오는 마음은 각별하였다. 그보다 모략 외의 선후조치에 전력투구를 해야 한다"고 만족감과 괴뢰 신정권수립 공작에 대한 의욕이 넘쳤다(「마쓰이 이와네 대장 진영일기」).

마쓰이 대장이 남경을 떠난 후, 남경 점령 중의 중지나방면군의 주력 부대도 차례차례로 새로운 작전지역으로 이동했다. 중국의 수도를 함락시켰기 때문에 국민 정부도 굴복하여 전쟁이 종결되고, 가볍게 자신들은 일본으로 개선할 것이라고 믿고 있던 병사들의 기대가 어긋나자 축하분위기도 이미 사라져 버렸다.

상해파견군 사령부가 남경성구와 양산진, 구용, 말릉관 등 근교 지역 점령유지를 위해 잔류시킨 것은, 나카시마 게사고中島今朝吾 중장을 사단장으로 하는 제16사단(교토)이었다. 또한, 제13사단이 장강 북쪽 6개의 현 일대를 경비하게 했다.

제16사단이야말로 화북전선에서 상해전에 투입되어 전쟁의 부담과 희생을 강요당하고, 남경 전투전에 내몰려「남경 제일 먼저 도착」을 목표로 한 부대였다. 남경성의 공방에서도 최강의 교도총대教導總隊를 상대로 수많은 희생을 냈기 때문에, 그만큼 중국국민들에 대한 반사회적인 적개심이 강해, 나카시마 사단장의 방약무인한 성격과 맞물려서 군기가 많이 이완되어 있는 부대였다. 그 때문에 남경에서 일본군의 잔학사건의 전수는 감소했지만 여전히 학살, 강간, 약탈, 방화 등의 만행이 이어졌다.

대부대의 남경성에서 시작된 퇴출의 뒤를 이어 제16사단의 사사키 도이치佐々木到一 소장(보병 제30사단장)이 상해파견군 직속 남경지구 서부(성내를 포함) 경비사령관에게 임명(12월 23일), 이어서 성내 숙청위원장에 임명(동 23일), 다시금 선무宣撫 공작위원장에 임명되었다 (동 26일). 사사키 소장이 실시한 성내 숙청은「토착 주민에 섞여 있는 패배병을 적출하여 불온 분자의 음모를 봉쇄한다」(「사사키 도이치 소장 사기」)는 것이었다. 즉 새로운「패잔병 사냥」은 철저했다. 따라서 패잔병이 가장 많이 잠복하고 있다고 일본군 측이 믿고 있던 난민구가 타깃이 되어, 12월 24일부터「사문 공작」이 시작되었다. 일본 헌병대가 시민과 난민등록을 행하고, 신체검사를 하여 민간인으로 판정된 경우 「거주 증명서」를 교부했다.

12월 26일, 그러한 「사문 공작」이 난민구내의 안전구 국제위원회에 있는 베이츠의 입회하에 행해졌는데, 일본장교가 원래 병사였다는 것을 자수하면 쌀과 일을 준다고 설득했기 때문에, 일과 쌀을 받을 수 있다고 오해한 남자 200, 300명(대부분 시민)이 자수했다. 하지만 저녁이 되자 난민구 서쪽에 있는 오대산과 한중 문밖 운하의 제방으로 연행되어 거기서 척살과 총살을 당하고 말았다.

국제법을 위반한 일본군의 배신행위를 눈으로 본 베이츠는 의분을 참지 못하고 이렇게 쓰고 있다.

> 원래 군인이든 아니든, 어쨌든 군인으로 인정되어 집단학살 당했다는 것이다. 이곳 포로의 생명은 절박한 군사상 필요한 것 이외는 보장받을 수 있는 국제법의 조문을 말할 수 있는 장소가 아니고, 일본군 또한 국제법 등은 안중에 없이 지금 남경을 점령하고 있는 부대의 전우를 전투에서 죽였다고 고백한 인간에 대해 복수한다고 공개적으로 밝힌 것이다.
>
> (『영문자료편』)

12월 31일, 미국대사관 직원 앨리슨이 미포함 오아후호를 타고, 남경 하관 부두에 도착. 대사관 업무 재개를 요청했으나 일본군 사령부에게 거부당했다. 이유는 중국군의 소탕이 아직 계속되고 있어서 위험하다는 것이었다.

「오늘 오후 2시 30분에 도착한다. 강가는 완전 살육장으로, 시내 곳곳에 작은 화재가 발생해 있는 것이 보이고, 총성도 들린다」고 앨리슨은 국무부에 전보로 보고하고 있다(「미국 관계 자료편」). 앨리슨이 목격한 살육 공간의 광경이야말로, 24일 이후 엄격하게 행해진「군사 국민 분리」의 명칭에 따르면 중국인 성인 남자의 집단학살 현장이었다.

1938년1월 5일,「사문 공작」을 중단 시킨 사사키 도이치 성내 숙청위원장은 그 성과를 이렇게 기록했다.

1월 5일 사문회 중단, 그날까지 성내에서 적출한 패잔병 약 2천명을 옛 외교부에 수용, 외국 선교사의 수중에 있는 부상병을 포로로 수용.
성외 인근에서 불령不逞행위를 계속하고 있던 패잔병도 순차적으로 포박, 하관에서 처분한 사람이 수천에 달한다.

(「사사키 도이치 소장 사기」)

연말부터 새해에 걸쳐 실시된「패잔병 사냥」에 의해 적어도 수천의 남자, 그것도 전직 군인혐의를 받고 있던 일반 시민들이 많이 학살되었다는 것이다. 남경 근교지역에서 천 단위의 남자를 패잔병으로 연행하여 하관에서 처형한 것으로 기록되어 있지만, 현성이나 마을에서도 「패잔병 사냥」이라는 명목아래 학살, 강간, 방화가 이루어진 것이다. 그 일부분만 간단하게 기록한다.

『강포현』 12월 27일, 일본군 40명이 마을을 수색하고 다니면서 농민과 난민 17명을 살해, 부녀 6명을 강간(『강포현지江浦県誌』).

『강녕현』 12월 하순, 상방上坊에서 부녀 10명을 강간하고, 음부에 철봉을 찔러 살해했다. 1938년 1월 8일, 능랑촌陵郎村에서 현성으로 피란해 있던 시민 100여 명이 「패잔병 사냥」으로 살해됐다. 그때 부녀 8명이 윤간당하고 배가 잘려 살해됐다. 분로향坌路鄉에서는 남경성에서 가깝고 교통편도 좋기 때문에 일본군이 「여성 사냥」을 위해 자주 들러 부녀 250명을 강간하고 살해했다. 석마촌 石馬村에서만 해도 여성 20여 명이 능욕당한 후 살해됐다. 조촌曹村은 세 차례에 걸쳐 일본군 부대가 습격하여 50명이 학살됐다(『강녕현지 江寧県誌』).

『요수현』 12월, 석당진柘塘鎭에 일본군 거점을 설치하고 주둔, 이후 인근 농민이 살해되고, 부녀가 강간당했다(피해는 중일 전쟁기간에 주민 29명 살해, 부녀 28명이 강간당했다). (『성풍혈우─침화일군 강소폭행록腥風血雨─侵華日軍江蘇暴行錄』)

『고순현』 1월, 습격한 일본군에 의해 고선우 왕가高宣圩王家와 남경南埂 두 마을이 방화되었다. 소탕과 「여성 사냥」을 하러 온 일본군이 각 현성과 마을에서 부녀를 강간, 많은 사람이 살해됐다(중일전쟁 기간 중, 모든 현에서 수백 명의 여성이 강간당했다) (『高淳県誌』).

계속되는 부녀 능욕사건

1938년 1월 23일, 남경 경비를 담당했던 제16사단이 화북으로 이주하자, 대신 11사단의 아마야 지대(보병 제10여단)가 남경에 진주進駐해 왔다. 남경 경비사령관에는 여단장 아마야 나오지로天谷直次郎 소장이 취임했다. 부대가 바뀌어도 만행은 변함없이 이어졌다. 이보다 먼저, 1월 6일에 미국대사관원, 9일에는 영국·독일대사관원이 귀임을 인정받아 남경으로 돌아와 있었다. 같은 달 24일 밤, 무장한 일본군이 난민캠프에 침입하여 여자 한 명을 납치, 그들이 점거하여 숙박하고 있는 미국인 저택으로 연행해 가서 강간하였다. 2일 후에 미국대사관원 앨리슨이 일본영사관 경찰과 헌병의 동행 하에 피해 여성과 함께 현장조사를 갔을 때 안에서 나온 일본군 장교가 앨리슨의 따귀를 때린 사건이 발생했다(앨리슨사건). 미국에서는 외교관 모욕사건을 대대적으로 보도하고, 미국 정부도 강경하게 항의했기 때문에 일본정부는 즉시 사과하며 배상을 약속하고 외교관계를 매듭지었다.

아마야 사령관은 남경의 질서가 회복되고, 평상시의 시민활동으로 돌아온 것을 내외적으로 홍보하기위해 2월 상순에 난민구 폐쇄를 명령했다. 일본병사가 그 일을 기다리고 있었다는 듯이 난민구에서 쫓겨나 자택으로 돌아온 난민여성을 강간하는 사건이 격발하여 하루에 100건도 넘었다.

2월 18일에, 남경 안전구 국제위원회는 난민구를 해소하고자 하는 일본 당국의 요청에 따라 명칭을 남경 국제구호위원회로 변경했다. 일본군의 잔학행위도 주둔하는 일본군의 수가 줄어든 만큼 건수가 감소하고, 피해자도 줄어들었다.

2. 남경사건의 붕괴

전략적으로 잘못된 남경공략전

육군중앙 확대파의 급선봉이었던 무토 아키라 참모본부 작전과
장은 중국일격론을 주장하고 「남경을 공격하면 적은 항복한다」고 잘
라 말했다. 그리고 무토 등의 참모본부 확대파가 출항하여 중지나방
면 군사령부의 중추를 차지했다. 상해파견군 사령관 예비역에서 발
탁된 마쓰이 이와네 대장은 남경을 정복하면 국민정부는 굴복할 것
이라는 생각에 도쿄를 떠날 때부터 "남경을 공략하면 '장개석'은 관
직을 물러나야 된다"며 서슴지 않고 남경 점령의 의도를 공언하였다.

남경공략전은 원래 참모본부의 작전 계획에 없었던 것을 중지나
방면 군사령부와 참모본부 시모무라 사다무下村定 제1부장의 확대파
들의 계책으로 강행하고, 그것을 쇼와 천황이 추인, 고노 내각도 추종
했다. 더욱이 매스미디어가 남경을 공략하면 중국이 쉽게 굴복하고

전쟁은 승리할 것 같다는 안이한 기대감을 유포시켰다. 일본국민은 "남경에 일장기가 휘날리는 때"가 전쟁이 종결된다는 듯이 보도하는 신문기사에 열광하며, 남경 점령을 "이겼다! 이겼다!"라며 거국적으로 축하행사를 열었다.

그러나 남경함락 후에도 장개석은 물러나지 않고, 국민정부는 굴복하지 않았다. 중국은 무한武漢으로 사실상 수도 기능을 이전시켜, 중국군민의 계속적인 항전의지를 유지시켜 국민당과 공산당의 합작은 전례 없이 강화되었다. 제3세력으로 알려진 민주 여러 당파가 결집하여 무한은 남경 대신 항전 중국의 강력한 수도 역할을 했다.

여기에 무토 아키라와 마쓰이 이와네 등의 중국일격론은 완전히 실패했던 것이다. 1938년 1월 15일 대본영 정부 연락회의(대본영과 내각이 연석해서 중요한 전쟁 정책을 결정하는 회의)에서 국민정부와의 평화교섭의 최종 중단을 결정, 16일에 근위수상이 "제국 정부는 이후 국민정부를 상대하지 않는다"는 장개석 국민정부를 부정하는 정부 성명을 발표한 것은 남경공략전의 정략적 실패를 일본정부와 군중앙이 스스로 인정한 형태가 되었다. 수도 남경을 정복해도 중국은 굴복하지 않았기 때문에, 중국이 굴복할 때까지 전쟁을 확대·계속 할 것이라는 결정을 한 것이다. 이 정부와 군중앙의 결정은 일본국민을 장기간 중일전면전쟁의 수렁으로 끌어들이는데 결정적인 계기가 되었다. 이 결정에 대해 참모본부 특히 불 확대파의 다다 도시多田駿 참모본부 차장들이 강하게 반대했다. 장개석정부 부인否認 후에 오는 장기 수렁

전쟁으로의 돌입을 회피하려고 한 사람들은 최종적으로 쇼와 천황의 판정을 기다리며 평화협상 중단의 저지를 도모했지만, 황제는 그것에 응하지 않고 협상중단에 가담한 것이다.

마쓰이 사령관 해임

1월 상순이 지나자, 일본군의 남경학살 사실은 남경에 있던 외국인 기자의 보도에 의해 세상에 알려지게 되었다. 뿐만 아니라 남경의 미국대사관에서 작성한 일본군의 잔학 불법행위에 관한 방대한 기록과 보고가 본국의 국무부와 도쿄의 미국대사관에 보내지기도 하고, 같은 독일대사관의 로젠 서기관들의 상세한 일본군폭행 기록이 본국에 보고되기도 하여, 외교 루트를 통해 남경사건 사실이 세상에 알려지게 되었다.

이시이 이타로石射猪太郎의 일기(1938년 1월 6일)에는 "상해에서 온 서신, 남경에서의 우리 군의 만행을 상보해오다. 약탈, 강간 등 눈으로 볼 수 없는 참상이다. 아아, 이것이 황군인가. 일본국민의 민심 폐퇴의 발로일 것이다. 크나큰 사회문제이다"라고 기술하고 있다.

남경의 일본군 군기 퇴폐문제는 육군중앙에서도 은밀하게 문제 삼게되었다. 그 당시 예비역이었던 전직 교육총감 마사키 진자부로真崎甚三郎 대장은 상해파견군을 시찰하고 돌아온 중의원의원 에토 겐쿠로江藤源九郎 예비역 소장의 보고를 듣고 "군기풍기가 퇴폐하여 이것을 바로 세우지 않으면 진지한 전투에 임하지 못한다는 것에 귀착한다. 강도, 강간, 약탈 등 차마 들을 수 없는 것들"이라고 일기(1월 28일)에 기술하고 있다(『남경전사 자료집2』).

이러한 상황 속에서 하타 준로쿠畑俊六 교육총감은 마쓰이 이와네松井石根 사령관의 경질을 스기야마 하지메杉山元 육상陸相에게 진언한 것을 일기(1월 29일)에 적고 있다.

지나파견군도 작전이 일단락됨과 동시에 군기풍기軍紀風紀가 점차 퇴폐, 약탈, 강간 등의 정말 흉측한 행위도 끊이지 않으면 이때 소집한 예후비역자予后備役者를 내지로 돌려보내고, 또 상해방면에 있는 마쓰이 대장도 현역자로 대신하게 하고, 군사령관, 사단장 등의 소집자도 순서에 따라 현역자로 교대시킬 필요 있음. 이 의견을 대신에게 진언함…….

(「하타 슌로쿠畑俊六 일지」)

이러한 경위로 참모본부는 마쓰이 중지나방면군 사령관의 귀환을 명령했다. 마쓰이는 이에 불만을 가지고 "나는 심히 유감스럽고, 충령에 대해서도 죄송할 따름이다"라고 일기(1월31일)에 적고, 더 나아가 "나의 이임離任은 실제로 자부심도 없는 시기상조라는 것은 만인이 인정할 것"라고도 쓰고 있다(「마쓰이 이와네 대장 진중일기」).

2월 14일, 대본영은 중지나방면군·상해파견군·제10군의 전투서열을 해제하고, 새로이 중지나파견군(사령관 하타 준로쿠 대장, 참모부장에 무토 아키라武藤章 대령 유임)의 전투서열을 명령했다. 사령관에서 해임되어 상해를 떠나게 된 마쓰이는 16일 사령부의 결별식에서 "남경 점령 후 2개월간, 대본영 및 정부와 의견차이로 결국 내가 원하는 것을 실행하지 못한 고충을 이야기하고, 이제 만사를 끝내지 못한 채 귀환하는 나의 가슴속에 고민과 감개를 말했다"라고 되어 있다. 마쓰이 이와네의 야심과 공명심에 있어서도 남경공략전의 결과는 좌절이었다.

일본으로 귀환한 마쓰이가 "역두駅頭 시민의 환호는 군부의 대우에 비해 매우 열광적이라 감사하게 생각한다"고 일기(2월 25일)에 쓴 것처럼, 매스미디어는 남경을 함락시킨 개선장군으로 보도하였고, 천황도 대군공의 수훈자로 공포했다. 육군중앙은 마쓰이 이와네의 부작위에 의한 불법 잔학사건의 발생을 알고 내부조치의 형태로 해임하면서도, 그 책임은 불문에 부쳐 국민에게는 그 사실을 계속 은폐했던 것이다.

중지나방면군의 전투서열이 해제됨으로써 작전으로서의 남경공략전은 종결되었으나, 그 후에도 강간을 비롯한 일본군의 잔학행위는 계속되었다. 그런대로 3월 28일에, 중지나파견군의 공작에 의해 중화민국 유신정부가 남경에 성립되고 나서는 치안도 거의 회복되어 안전구의 난민 중에서도 돌아갈 조건이 되는 사람은 대부분 자택으로 돌아갔다. 여기에 이르러 남경사건은 일단 끝났다고 할 수 있다.

3. 남경사건의 전모

정의와 범위, 내용

남경대학살사건, 약술하여 남경사건은 일본의 육군 및 해군이 남경공략전과 남경 점령시에 중국의 군민軍民에 대해 행한 전시국제법과 국제인도법에 반하는 불법 잔학행위 총체를 말한다. 사건발생구역은 남경성구역과 그 근교의 현을 합친 행정구로서의 남경특별시 전체이며, 그것은 남경공략전(중국에게는 남경방위전)의 전시구역으로 남경함락 후 일본군의 점령지역이기도 했다.

사건 발생기간은 일본의 대본영이 남경공략전을 하명하고, 중지나방면군이 남경전시구역에 돌입한 1937년 12월 4일 전후부터 시작한다. 대본영이 중지나방면군의 전투서열을 해제한 1938년 2월 14일이 남경공략작전의 종료에 해당하나, 남경에 있어서의 잔학사건은 그 후에도 이어졌기 때문에 남경사건의 종언은 일본군의 잔학행위가 완전히 사라지지는 않았지만(근교 농촌에서는 변함없이 계속되었다) 많이 줄어든 3월 28일의 중화민국 유신정부의 성립시라고 생각할 수 있다. 다만 1937년 8월 15일부터 개시된 해군기의 남경공습은 남경공략전의 전초전이며, 시민에 대한 무차별폭격은 남경사건의 서막이라 할 수 있다. 잔학행위, 불법행위의 내용은 다음의 두 개로 크게 나눌 수 있다.

【생명·신체의 침해】

전시국제법에 위반하여 중국의 부상병, 투항병, 포로, 패잔병이 집단 또는 개별적으로 살상되었다. 일본군의 포위섬멸전의 희생양이 된 주민이 「잔적 소탕전(残敵掃蕩戰)」, 「패잔병 사냥」에 의해 전직 병사라고 의심(생각)된다는 것만으로 많은 성년 남자가 살해됐고, 일본병사가 마음대로 많은 시민을 사살·척살하였다. 금릉대학의 스마이스나 베이츠 등 남경 국제구제위원회(남경 안전구 국제위원회를 개칭)의 조사에 의하면, 일본군의 소탕작전 중에 노인이 많이 살해됐다. 남경성내 남부의 인구 밀집구에서는 많은 노인이 집을 지키기 위해 잔류하고 있었으므로, 공격해온 일본병사들에게 학살당했다. 근교의 농촌에서는 살해된 여성의 83퍼센트가 45세 이상의 부인이고, 그 중 약 절반이 60세 이상의 노부인이었다. 그녀들은 그때까지 잔인한 공격으로부터 안전하리라 생각했기 때문에 집과 재산을 지키려 남아 있다가 살해됐다.

게다가 같은 조사에 의하면, 민간인 사상자 비율은 남자가 64퍼센트를 차지하고, 연령으로는 30세부터 44세 사이의 민간인 사상자 중 남자가 76퍼센트로 높은 비율을 차지했다. 두말할 것도 없이 「패잔병 사냥」에 의해 전직 병사라는 의혹을 받아 살해된 것이었다. 가족 피해의 비율로 말하면 남경성내에 잔류한 가족의 7분의 1이 남편이나 아버지를 잃었다. 근교 농촌에서는 일곱 가족 중에 한 사람의 비율로 살해됐다(「남경지구에서의 전쟁피해」).

　남경사건 중에서도 두드러지게 많았던 것이 부녀자의 강간·윤간 및 살해였다. 일본군의 남경 점령 후 12월 16일부터 강간사건이 많이 발생하게 되어 남경 안전구 국제위원회의 계산으로는 하루에 천 명에 이르는 여성이 강간을 당했다. 점령초기에는 적게 잡아도 8천 명의 여성이 강간당하고, 이듬해 2, 3월까지 몇만 명이나 되는 여성들이 강간당했다(「미국 기독교인에게 보내는 베이츠의 회람」『미국 관계 자료편』). 강간은 여성의 신체를 상처 입혔을 뿐만 아니라 마음에도 깊은 상처를 남겨 스스로 목숨을 끊은 사람, 정신이 이상해진 사람 등, 더 나아가서는 악성 성병이 옮아 폐인처럼 된 사람, 임신으로 무리한 낙태를 시도하다 몸이 상한 사람 등, 먼 훗날까지 잔혹한 비극은 이어졌다.

【재산권의 침해】

　일본군은 남경에 있어서 전투행위와는 직접관계가 없는 약탈·방화를 장기간에 걸쳐 저질렀다. 남경 국제구제위원회의 조사에 의하면, 남경성내 건물의 73퍼센트가 약탈 피해를 당했다. 중심업무지구에서는 다수의 병대에 의해 몇 차례에 걸친 침략을 받은 후, 군용 트럭을 사용한 본격적인 약탈을 받아 최후에는 방화로 소실된 곳이 많았다.

방화는 일본군의 남경 입성 후부터 시작되어 2월 초까지 벌어졌고, 시 전체 건물의 24퍼센트가 소실되었다. 그리고 일본군에게 타고 남은 집의 가구나 의류, 현금 등을 약탈당했다.

남경근교의 농촌에서는 넓은 지역에 걸쳐 40퍼센트의 농가가 불탔고, 가축이나 농기구, 저장 곡물, 작물 등이 막대한 피해를 입었다. 밭의 밀은 군마의 사료가 되고, 야채는 병사들이 훔쳐갔다. 특히 강녕현江寧県과 구용현句容県에서는 야채밭 작물의 거의 절반이 손해를 입었다. 징발·조달의 명목으로 식료·곡물·가축이 대량으로 약탈당했다(「남경성구에서의 전쟁피해」. 또 가시하라笠原『아시아에서의 일본군』도 참조함).

희생자의 수에 대해서

남경사건에서 희생된 중국군민의 수를 이제와서 정확하게 산정한다는 것은 거의 불가능하다. 일본과 중국 양쪽 모두 남경사건 발생시 또는 직후에 본격적인 피해조사를 하지 않았기 때문이다(금릉대학의 스마이스 등의 「남경지구에서의 전쟁피해」 조사가 유일했다). 남경은 그 후 약 7년간, 일본 점령 하에 놓였기 때문에 중국당국이 직접 조사할 수도 없었다. 한편, 남경을 점령통치한 일본당국이 희생자 수를 조사하는 일은 있을 수 없었다. 따라서 이와 관련된 각 자료를 수집하고 정리·검토하여 희생자 총 수를 추정해가게 되는데, 그 자료도 일본군 측의 자료 공개가 적은 것이 최대의 장애가 되고 있다.

후지와라 아키라藤原彰씨의 조사에 의하면 중지나방면군의 모든 연대 중에서, 지금까지 전투상보나 진중일기류의 공식자료를 간행·공표하고 있는 부대는 대략 3분의 1에 지나지 않는다. 대부분은 패전 전후에 연합국의 추궁을 우려해 증거인멸을 위해 소각해 버렸다. 또한 남경공략전에 참가한 전직 병사가 잔학행위를 증언하거나, 그러한 것들을 기록한 진중일기를 공표하거나 하면 전우회나 우익세력으로부터 증언금지의 압력이 가해진 것도 일본 측의 자료가 적은 원인이 되고 있다.

희생자 총 인원수에 대한 해명은 남경사건의 전모를 보다 엄밀하게 이해하기 위해 필요한 것으로, 그 반대 즉 정확한 총 인원수를 확정할 수 없기 때문에 남경사건이 「환영幻影」이라는 것은 아니다. 희생자 총 인원수의 문제는 앞으로 더욱 자료가 발굴되면 보다 실제 수에 다가갈 수 있다는 것도 사실이다. 여기서는 본서에서 인용해온 자료를 정리·총합해 추정할 수 있는 어림수를 이야기해보고 싶다. 그것은 어림수라 할지라도 상당정도 남경사건의 전모를 떠올려 볼 수 있을 것으로 생각하기 때문이다.

【남경공략전 하의 인구】

남경특무기관 『남경시정개황』에 의하면, 남경공략전 전후로 남경시(본서에서 말하는 남경지구)의 인구·호수는 아래와 같이 변화하고 있다.

1937년 3월 말,
　　　　101만 9천 667명,　20만 810호 (수도경찰청조사)

1938년 2월 말,
　　　　20만명 (난민구인구를 남경시자치위원회와 특무기관이 추정)

1938년 10월 말,
　　　　32만 9천 488명,　8만 2195호(남경시자치위원회조사)

1939년 10월 말,
　　　　55만 2천 228명,　13만 2403호(남경특별시 정부조사)

1941년 3월 말,
　　　　61만 9천 406명,　14만 439호(남경시 정부조사)

중일전면전쟁 발발 전의 남경지구 인구는 100만명 이상이었으나, 일본해군기의 연일 이어진 공습 때문에 같은 구의 인구가 격감해

1937년 11월 초순에는 50만 가까이 되었다(스마이스「남경지구에서의 전쟁피해」). 같은 11월 23일, 남경시 정부(마초준馬超俊, 시장)가 국민정부 군사위원회 후방근무부에 송부한 서한에는「조사에 의하면, 본시(남경성구)의 현재 인구는 약 50만 명이다. 앞으로는 약 20만 명으로 예상되는 난민을 위해 식량송부가 필요하다」라고 기술되어 있다(중국 항일전쟁 사학회편『남경대도살』).

11월 하순에 국민정부는 이미 수도 천도를 선포하였고(11월 20일) 중지나방면군의 남경진격도 이미 시작된 단계로, 남경에서 멀리 떨어진 곳으로 피란하고 싶은 계층은 기본적으로 탈출을 끝낸 상태였다. 그 후 남경성구로부터 안전하다고 생각되는 근교 농촌으로 피란해 간 시민도 많았지만, 한편에서는 남경방위군의「청야작전淸野作戰」에 희생된 성벽부근의 많은 농민이 난민으로 성내에 피란해 왔고 일본군의 남경진격전에 광대한 강남江南지역의 도시, 현성縣城에서 온 난민도 이동해 왔다. 따라서 남경공략전이 개시되었을 때, 남경성구에 있던 시민은 40~50만 명이었다고 추측된다.

남경특별시의 근교 6개 현의 현성縣城과 농촌의 인구는 스마이스 등의「남경지구에서의 전쟁피해」에 의거해 추측하면, 남경공략전 이전에는 150만이 넘었던 것으로 생각된다(83항 참조). 현성이나 농촌의 주민은 멀리 떨어진 곳으로 탈출하는 사례가 적어 남경공략전 즈음에도 일시적으로 근거리 주변에 피란하는 패턴이 많았기 때문에 대체로 인구의 변화가 크지 않다.

남경방위전에 참가한 중국군의 총 인원수에 대해서 나는 일찍이 상세하게 검토한 적이 있는데(「남경방위전과 중국군」), 전투병사가 11~13만, 그리고 잡역을 담당한 소년병, 경중병輕重兵 등의 후방근무병, 군의 잡무를 담당한 잡병, 방위진지공사에 동원된 군부, 민부(민간인 인부)등, 정규비정규의 구별도 어려운 막대한 비전투병이 더해져 총원 15만 명이 있었다고 추정했다(남경방위군의 전투 상보등 중국 측의 풍부한 원자료를 정리·분석한 손탁외孫宅巍·강소성江蘇省 사회과학원 연구원의 『남경보위전사』도 남경방위전에 참가한 중국군의 총원을 약 15만 명으로 하고 있다).

【일본군이 학살한 중국군민의 수】

중일전쟁은 전시국제법(전쟁법)으로서 국제관습법이 조문화된 헤이그 육상전 조약에 구속받고 있었다. 동 조약은 국가 간의 전쟁을 합법으로 하면서도 국제인도법의 이념에서 그 참화를 되도록 경감하기 위해서 직접전투 외에 놓인 자들의 고통이나 살상을 방지하려고 하는 것이었다(후지타 히사카즈藤田久一 『전쟁범죄란 무엇인가』, 지은이 같음 『신판·국제인도법』 참조). 따라서 전쟁의 수단과 방법이 규제되어 비전투원인 문민 및 군사적 목표가 아닌 공격을 금지하고 더 나아가 전투원을 인도법적으로 보호하기 위하여 직접 전투에 참여하지 않은 포로, 투항병, 패잔병 등의 살상도 금지되었다. 포로에 대해서는 그 보호와 대우개선을 한층 명확히 한 「포로의 대우에 관한 조약」(제네바

조약)이 1929년에 체결되어, 전시국제법으로 존재했다(일본은 조인했으나 비준은 하지 않았다. 하지만 구미에 대해서는 「동 조약의 규정을 준용함」이라고 표명했다).

헤이그 육상전 조약은 「제23조 〈해적수단害敵手段, 공위 및 포격의 금지사항〉으로 •, 적국 또는 적군에 속하는 자를 배신의 행위로서 살상하는 것. •, 병기를 버리고, 또 자기를 지킬 수단이 없는 적을 살상하는 것. •, 구명할 수 없음을 선언할 것」과 「해적害敵수단」을 규제하고 있었다.

이것은 직접 전투에 참여하지 않은 병사를 보호하기 위한 규정이다. 12월 13일 이른 아침, 남경성은 함락되고 남경공격전의 직전 전투는 결착이 지어져 남경방위군도 완전히 붕괴되고 말았다. 따라서 그 후의 중국병사는 전투원을 인도적으로 보호하기 위해 투항을 권고하고 포로로서 수용해야 할 존재였던 것이다. 일본군이 철저한 섬멸전을 강행했기 때문에 투항병, 패잔병을 살상한 것은 동 조약에 위반하는 불법행위이며 학살행위였다. 또 일본군은 무기를 버리고 군복을 민간복으로 갈아입고 난민구나 이주구에 잠복한 중국병사를 "편의병(便衣兵)"으로서 취급해 연행하여 처형했지만, 남경에는 본래 "편의대(便衣隊)" "편의병(便衣兵)"은 존재하지 않았다. "편의병(便衣兵)"을 처리하기 위해서는 인정할 만한 군사재판의 수속이 필요했으므로, 일본군의 "편의병 사냥便衣兵狩ŋ"에 의한 집단처형은 교전법규를 위반한 학살행위였던 것이다(요시다 유타카吉田裕 「15년전쟁사 연구와 전쟁책임문제」).

현재 간행되어 있는 일본군 측의 자료에서 남경공략전에 참가한 각 사단이 어느 정도 중국병사로 간주되는 민간인을 포로·투항병·패 잔병·"편의병"으로 살육·처형했는가의 합계를 시도해 본 것이 표1 이다. 제9사단·제114사단·제6사단의 각 부대의 전투상보나 진중일 기의 공개가 특히 늦어지고 있는데, 만약 일본군 측 전 연대의 전투상 보가 모이면 포로, 패잔병의 피학살자 수(여기에는 민간인 남자도 포함되어 있다)의 총 수가 꽤 된다는 것을 알 수 있을 것이다.

더욱이 전투상보의 기록은 일반적으로 전과를 많이 보고하는 경 향이 있으므로, 그 숫자는 어디까지나 개략적인 숫자로 취급할 수밖 에 없다. 그렇더라도 ( )를 붙이지 않은 학살자 수는 8만 이상이 될 것 이다. 가능성이 있었던 포로를 거의 전원 살해했다고 상정한다면, 10 만 이상이 된다.

나는 전체 수 15만 명의 방위군 중에 약 4만 명이 남경을 탈출해 재결속하고, 약 2만 명이 전투 중에 사상, 약 1만 명이 철수 중에 도망 내지는 행방불명이 되어 남은 8만여 명이 포로·투항병·패잔병의 상 태로 학살당했다고 추정한다(「남경방위전과 중국군」). 표1에서도 그 숫 자를 납득할 수 있을 것이라 생각한다.

【표 1】일본군이 집단학살한 중국군민의 수 日本軍が集団虐殺した中国軍民の数

일시 日時	부대 部隊	사람 수 人数	범주 範疇	출전·자료 出典·資料
【제16사단】 **【第16師団】**				
12월 13일	보병 38연대 歩兵38連隊	5~6천	장강도강 중 살육 長江渡江中殺戮	보병 제38연대 전투상보 歩兵第38連隊戦闘詳報
	보병 33연대 歩兵33連隊	약 2천	장강도강 중 살육 長江渡江中殺戮	
	사사키 지대 佐々木支隊	1만 수천	패잔병살육 敗残兵殺戮	
	사사키 지대 佐々木支隊	수천	투항포로살육 投降捕虜殺戮	
	사사키 1중대 佐々木1中隊	1천 300	투항포로살육 投降捕虜殺戮	
	중포병 제2대대 重砲兵第2大隊	7~8천	투항포로처형 投降捕虜処刑	후지와라 『남경의 일본군』 藤原『南京の日本軍』
12월 14일	사사키 지대 佐々木支隊	(약 2만)*	포로로 한다 捕虜とする	「이이누마 마모루 일기」 「飯沼守日記」
	보병 20연대 歩兵20連隊	800	무장해제 후 살해 武装解除して殺害	「기타야마 일기」 「北山日記」
	보병 20연대 歩兵20連隊	310	무장해제 후 총살 武装解除して銃殺	「마키하라 일기」 「牧原日記」
	보병 20연대 歩兵20連隊	(약 1천 800)	포로를 연행 捕虜を運行	「마키하라 일기」 「牧原日記」
	보병 20연대 歩兵20連隊	150~160	포로를 소살 捕虜を焼殺	「마키하라 일기」 「牧原日記」
	보병 20연대 歩兵20連隊	600	패잔병을 연행 처형 敗残兵を連行処刑	
12월 24일~1월 5일	사사키 지대 佐々木支隊	수천	패잔병사냥으로 처형 敗残兵狩りで処刑	
【제13사단】 **【第13師団】**				
12월 14일	야마다 지대 山田支隊	약 1천	패잔병소탕 敗残兵掃蕩	「이이누마 마모루 일기」 「飯沼守日記」
12월 16~17일	야마다 지대 山田支隊	약 2만	포로살해 捕虜殺害	

【제9사단】 【第9師団】				
12월 13~24일	보병 7연대 歩兵7連隊	6천 670	난민구의 패잔병척살 難民区の敗残兵刺殺	보병 제7연대 전투상보 歩兵第7連隊戦闘詳報
【제144사단】 【第144師団】				
12월 13일	보병 66연대 歩兵66連隊	약 1천 500	포로를 배신행위로 처형 捕虜を背信行為で処刑	
【제6사단】 【第6師団】				
남경공격중 南京攻撃中		(5천 500)	포로포획 捕虜捕獲	제6사단 전시순보 第6師団戦時旬報
12월 10~13일		(1만 1천)**	상하진하관유기시체 上河鎮下関遺棄死体	제6사단 전시순보 第6師団戦時旬報
12월 12~13일		(1천 700)**	성벽유기시체(소탕 포함) 城壁遺棄死体(含掃蕩)	제6사단 전시순보 第6師団戦時旬報
【제5사단】 【第5師団】				
12월 13일	구니사키지대 国崎支隊	(약 5천)	포로 조치군에 위임 捕虜を措置軍に委任	『남경의 일본군』 『南京の日本軍』
12월 14일	보병 41연대 歩兵41連隊	(2천 350)	포로를 후에 조치함 捕虜を後刻処置する	
【제2정박장사령부】 【第2碇泊場司令部】				
12월 16일		(약 2천)***	하관에서 패잔병처형 下関で敗残兵処刑	「가지타니 겐로 일기」 「梶谷健郎日記」
12월 17일		(약 2천)	하관에서 패잔병처형 下関で敗残兵処刑	「가지타니 겐로 일기」 「梶谷健郎日記」
【해군 제11전대】 【海軍第11戦隊】				
12월 13일		약 1만	장강도강 중 살육 長江渡江中殺戮	
12월 14일	군함 아타미 軍艦熱海	(약 700)	패잔병무장해제 敗残兵武装解除	요시다「남경사건과 국제법」 吉田「南京事件と国際法」
12월 15일	제2호 소해정 第2号掃海艇	약 500	패잔병섬멸 敗残兵殲滅	요시다「남경사건과 국제법」 吉田「南京事件と国際法」
	군함 쓰가 軍艦栂	약 700	패잔병섬멸 敗残兵殲滅	요시다「남경사건과 국제법」 吉田「南京事件と国際法」
12월 16일 전후		수천	팔괘주의 패잔병살육 八卦洲の敗残兵殺戮	

* 중지나방면군이 섬멸작전을 강행하고 포로를 처형하는 방침이었기에 포로는 대부분 살육 당했을 가능성이 높지만 처형에 대한 기술이 없기 때문에 ( )로 하였다. 이하동일.

** 제6사단전투기록에는 패잔병, 포로살해를 기술하고 있지 않지만 동 사단이 12월 12일 심야부터 13일에 걸쳐 상하진上河鎮, 수서문水西門, 한중문漢中門, 강동문江東門(현재, 침화일군 남경대도살 우난동포기념관侵華日軍大屠殺遇難同胞記念館이 세워져 있다)에서 행해진 잔적 소탕전에서는 하관에서부터 강강변長江岸 상류로 탈출하려고 했던 패잔병, 난민이 상당수 살해됐다. 기록되어 있는 유기시체 12,700 중 전투사한 중국병사는 그렇게 많지는 않다. 중국 항일전쟁 사학회가 편찬한 『남경대도살』에 수록된 생존자의 증언 중에서도 집단학살 된 패잔병, 난민이 많이 포함되어 있다는 것을 알 수 있다.

*** 「패잔병 사냥」에서 운행해 온 군민 학살을 목격한 기록이다. 부대명이 기재되어 있지 않기 때문에 다른 사단과 중복될 가능성이 있어 ( )로 처리했다.

【개수의 자료】

중국병사의 희생자에 대해서는 일본과 중국의 자료로부터 대충 추정할 수 있었지만, 지극히 곤란한 것이 민간인 희생자 수의 추정이다. 총 수를 추정하는 데 참고가 되는 당시 3개의 자료를 소개한다.

(1) 라베가 "히틀러에게 탄원서"

"중국 측의 주장에 의하면, 10만 명의 민간인이 죽음을 당했다는 것입니다. 이것은 너무 많은 것이 아닙니까. 우리 외국인은 약 5만에서 6만 명이라고 생각하고 있습니다"(라베 『남경의 진실』). 1938년 2월 23일에 라베가 남경을 떠날 때의 추정한 수이다. 남경 성내에 있었던 라베 등의 외국인은 성밖이나 교외의 넓은 지역에서 행해진 집단학살의 대부분을 아직 알지 못한다. 그래도 난민구 국제위원들이 당시의 정보를 종합해서 추측한 수를 참고로 한다.

(2) 여러 매장 단체의 매장기록

남경의 여러 매장 단체가 매장한 사체기록의 합계는 18만 8천 674체가 된다. 여기에는 전사한 중국병의 사체도 포함되어 있고, 다시 사체를 묻는 등의 매장 작업의 중복문제도 있다. 그러나 장강으로 흘러간 사체 수가 방대했던 것을 생각하면 남경공략전으로 인한 중국군민의 희생의 크기를 판단하는 자료가 된다.

(3) 스마이스의 「남경지역의 전쟁 피해-1937년 12월~1938년 3월 -도시 및 농촌조사」

동조사에서 지부에서는 민간인의 살해 3천 250명, 납치되어 살해된 가능성이 높은 4천 200명을 산출, 더 나아가 성내와 성벽 주변의 상세한 매장 자료조사에는 민간인 1만 2천 명이 살해됐다고 되어 있다.

근교구近郊區에서는 4개 현 반의 현성을 제외한 농촌에 있어서의 피학살자 수는 2만 6천 870명으로 산출하고 있다. 이 조사는 1938년 3월 단계에서 자신의 집에 되돌아온 가족을 시부市部에서 50채에 1채, 농촌에서 10채에 1채 비율로 표본조사한 것이기 때문에 희생이 컸던 전멸 가족이나 이산가족은 빠져 있다. 그래도 동 조사는 당시 행한 유일한 피해조사이며, 희생자는 확실히 그 이상이었던 것 또한 민간인의 희생은 성구보다도 근교 농촌 쪽이 많았다고 하는 판단 재료가 된다.

이상의 희생자 수에 관한 자료상황과 본서에서 서술해 온 남경사건의 전체상황을 종합하면, 남경사건에 있어서 십몇만 이상, 그것도 20만 명 남짓이나, 그 이상의 중국군민이 희생된 것으로 추측된다. 일본군 측의 자료 발굴공개가 더욱 진행되고, 중국 측에서의 근교 농촌부의 희생자 수 기록조사가 진전되면, 더 정확한 수를 추정하는 것이 가능해질 것이다.

세계에 알려져 있던 남경사건

당시의 일본사회는 엄격한 보도관제와 언론통제 아래 놓여, 일본의 대신문사가 종군기자단을 보내어 보도합전을 벌였다. 게다가 신문기자 중에는 학살 현장을 목격한 사람이 있었음에도 불구하고, 남경사건의 사실을 보도하지는 않았다. 또, 남경공략전에 참가한 병사의 편지나 일기류도 엄격하게 검열했고, 귀환한 병사에 대하여도 엄격한 함구령을 내려, 일반국민에게 잔학사건을 알리지 못하도록 되어 있었다. 게다가 남경사건을 보도한 해외의 신문이나 잡지는 내무성 경보국이 발행금지 처분하여, 일본국민에게는 일절 전달되지 않도록 하고 있었다.

하지만 본서에서 『뉴욕타임즈』나 『시카고데일리뉴스』의 남경사건보도를 소개해 온 것 같이 미국이나 영국, 독일 등 세계에서 발생 당시부터 사건은 보도되고 있었다.

당시 남경에서 사건을 세계에 알린 사람들은 일본군의 남경 점령 전후에 남경에 잔류하며, 직접 혹은 간접적으로 사건을 목격한 외국인이었다. 제1그룹은 외국인 저널리스트로 다딘과 스틸 이외에, L·C 스미스(로이터 통신사)와 C·Y 마쿠 다니엘(AP) 등 4명의 기자가 있었다. 제2그룹은 남경의 대사관원 그룹으로, 그 중에서도 미국대사관과 독일대사관의 외교관은 본국과 유관기관에 많은 정보를 보내고 있었다. 제3그룹은 남경 난민구 국제위원회의 회원들로, 그들은 국제여론에 호소하며 외국에서 그러한 만행을 저지시키는 행동이 일어날 것을 기대하고, 해외의 보도기관이나 그리스도교 단체를 향해 잔학행위에 관한 정보를 각양각색의 루트를 통해 보내고 있었다.

미국에 있어 남경사건의 보도에 대해서는 남경사건 조사연구회 편역 『남경사건 자료집 I 미국관계 자료집』에 본격적으로 수록되어 있다. 또 가사하라笠原 「중일전쟁과 미국국민의식―파나이 호사건·남경사건을 둘러싸고」에서도 미국신문에서 남경사건 보도를 정리·분석했다. 더욱이 영국과 독일에 있어 남경사건의 보도도 포함하여 남경사건이 세계에 보도되어 있던 상황에 대해, 교과서 재판에서 가사하라 도쿠시笠原十九司 증인의견서 「세계에 알려져 있던 남경대학살」(교과서검정 소송을 지원하는 전국연결회편 『이에나가 家永 교과서 재판·제3차 소송고재편訴訟高裁編2 남경대학살, 조선인민의 저항 731부대』 소취)에 정리·소개했다.

미국에서는 남경사건과 파나이호사건의 보도를 계기로 일본의 중국 침략에 항의하는 운동이 활발해지고, 일본군의 만행으로부터 중국민중을 지키고 구제하기 위한 중국지원 운동도 널리 퍼져 나갔다. 게다가 존·W·다와 『인종 편견, 태평양전쟁으로 보는 미일 마찰의 저류』가 지적하듯이, 남경사건을 비롯한 일본군에 의한 중국민중의 대량살육 보도가 미국국민의 대일감정을 악화시켜 "비인도적 야만행위"를 태연하게 행하는 일본병에게 대한 혐오·증오의 감정을 국민 사이에 조성시켜, 그것이 미일 전쟁시의 "적국 일본"의 이미지를 형성한 측면도 있었다(가사하라 「세계에 알려진 남경대학살」 『아시아 속의 일본군』).

독일에서는 2월 말에 남경을 떠나 독일에 귀국한 라베가 지멘스 외무성 국방성 등의 소집회에서 머기가 촬영한 필름이나 사진을 보이면서 남경사건의 사실을 강연하고 다녔다. 그는 남경에서 목격한 남경사건의 진상을 히틀러를 비롯해, 독일 정부의 지도자에게 알리고 사실상의 동맹 관계를 통해서 일본병의 불법 잔학행위를 저지하는 방법을 추구하려고 했다.

라베는 그 때문에 "남경사건 라베 보고서"를 히틀러에게 제출했지만, 동맹국 일본의 잔학행위를 쓴 것이 히틀러의 노여움을 사, 체포·심문당한 후, 남경사건에 대해서 발언하지 않는 것을 조건으로 석방된 것이었다. 그러나 라베가 인생을 걸고 진실을 전하려고 기록한 일기 및 보고서는 사건으로부터 60년이 지나서 독일·미국·중국·

일본에서 일제히 출판되게 된다.

중국에서 남경사건은 신문보도만이 아니라 소문을 통해서 결국 중국인 전체에 알려졌다. 중국국민 정부군사위원회는 사진집 『일구폭행실록日寇暴行実録』을 발행(1938년 7월)하고, 남경에 있어서의 일본군의 잔학행위를 시각적으로 고발했다. 특히 중국 여성에 대한 일본군의 능욕행위는 중국국민의 대일 적개심을 끓어오르게 해, 대다수의 민중을 항일 측으로 돌아서게 했다. 이는 대일저항 전력을 형성하는 원천이 되었다. 당시의 일본인이 경시 내지는 업신여기고 있었던 중국민중의 민족의식과 항전의지는 더욱 발양되어 높아지게 되었다. 남경전략전의 결과, 일본군이 일으킨 포학사건은 중국을 굴복시키기는 커녕, 반대로 항일세력을 강화·결속시키는 역할을 하게 된 것이었다 (가사하라 「중국여성에 있어서의 중일 15년전쟁」『아시아 속의 일본군』 참조).

제2차 세계대전에서 남경사건은 연합국 측에 많이 알려진 사실이고, 일본 파시즘의 본질인 침략성·잔학성·야만성을 노정한 것으로 간주된다.

도쿄재판에서 중일전쟁에 있어서의 일본군의 잔학행위에 대한 남경사건만을 중대시 해서 재판이 열린 것은 연합국 측의 정부와 국민이 실시간으로 사건을 알고 있고, 그 비인도적인 내용에 충격을 받고 있었기 때문이었다.

결말을 대신하여 ─ 지금 문제가 되고 있는 것은 무엇인가

국민이 심판해 온 남경사건

1951년 9월에 일본이 연합국과 조인한 「일본국과의 평화조건(샌프란시스코 평화조약)」의 제11조에는 "일본국은 극동 국제 군사재판소 및 일본 국내 및 국외의 다른 연합국 전쟁범죄 법정의 재판을 수락한다"라고 명기되어 있다. 일본은 전후 세계에 독립국으로써 재출발함에 있어 도쿄재판의 판결을 받아들여 「남경 포학사건」의 진실을 승인했을 것이었다. 그러나 도쿄재판이나 남경군사법정에서 진술하여 제출된 방대한 증언이나 증거자료는 일본국민의 남경사건의 사실인식에는 결부되어 있지 않다. 오히려 앞에서 기술한 것처럼 남경사건은 잘못된 이미지로 말해지고 국민 사이에는 그것에 대한 반발로부터 부정론이 적지 않은 영향력을 발휘하고 있다. 확실히 남경군사법정에서 심판받은 사람과 그 판결에 대해서는 다른 BC급 전범재판처럼 불공평한 측면이 있었던 것도 사실이다.

처형된 다니 도시오谷寿夫 제6사단장이 탄원서에서, "남경대학살 사건과 관계 있는 다수의 부대장을 먼저 조사하여 사건의 전모를 밝히고, 이어서 진범임을 인정하는 것이 정당함에도 불구하고. 최고지휘관 및 직속 부대장으로 분리하여 피고 1명을 심판 대상으로 하고, 그를 진범으로 인정하여 논단하는 것은 불합리, 비합법적이다"라고 항변하고 있는 것은 사실 그대로다(「남경작전의 진상(구마모토 사단전기)」).

다니 도시오谷寿夫에 있어서 불운했던 것은 제16사단장 나카지마 게사고中島今朝吾와 제10군 사령관 야나가와 헤이스케柳川平助가 패전 후 바로 타계하고, 상해파견군 사령관 아사카미야 야스히코朝香宮鳩彦 왕은 황족이기 때문에 면소되고, 남경전략전에 참가한 사단장 중에서 다니谷만 체포되어 사형판결을 받는 것이다. 110명 참수 경쟁을 했다고 하는 무카이向井·노다野田에 2명의 장교와 300명 참수의 다나카 군키지田中軍吉도 포로 패잔병을 다수 살해한 장병으로 유명해져 처형되는 운명이 되어버렸다. 다니 도시오가 말하는 것처럼 남경사건의 전모를 해명하고 정확하게 책임자를 본격적으로 구명하려고 하면 가장 상급지도관과 그 위에 군중앙과 정부 그리고 천황까지 조사를 해야 할 것이다.

하지만 남경군사법정에서 심판받은 군인이 공평하고 타당했는가라고 하는 문제와 재판에서 밝혀진 남경대학살사건의 진실을 인식하는 것은 다르다. 남경군사법정에서도 많은 증언자료와 조사자료가 제출되어, 그 일부분은 『중국 관계 자료편』에 「제Ⅳ편 남경군사 재판자료」로써 수록되어 있다.

전후의 서독일 정부와 국민이 나치스의 전쟁범죄를 추구하고 재판한 것처럼 전후 일본에서도 정부와 국민이 전쟁책임을 추구하는 국민운동을 전개했더라면, 그러한 남경사건의 전모와 책임자의 해명도 가능했을 것이라고 생각되지만, 일본정부 및 국민은 그것을 회피해버렸다. 그 일도 있어 도쿄재판과 남경군사 법정에서 심판한 남경사건의 진실에 대한 역사 인식은 대부분의 일본국민에게는 정착되지 않았다.

전후의 일본정부는 서독일과는 달리, 진실을 해명하고 그 책임을 묻기보다는, 오히려 80년대가 되자 일본문교부는 교과서 검정에서, 일본군의 조직적 행위라고 기술한 이에나가 사부로 저 『신일본사』의 남경대학살 기술의 개서까지 강요했다. 이러한 일본정부의 무책임한 대응에 대하여 국민 측이 남경사건을 심판하려고 한 재판이 이에나가교과서 재판이었다.

이에나가교과서 재판은 역사교과서에 있어서의 남경사건의 기술을 둘러싼 재판이었을 뿐만 아니라, 일본국민의 남경사건에 대한 진실인식이 문제된 재판이었다. 그 증거가 재판의 심리와 평행하는 상황에서 진실을 둘러싼 "남경대학살논쟁"이 전개된 것이다. 그 의미에서 이에나가교과서 재판은 일본국민의 남경사건 인식을 심어준 것이었다고 할 수 있다.

남경사건으로부터 60년째를 맞이하는 1997년 8월 29일, 대법원은 32년간에 걸친 이에나가 교과서 소송에 대한 판결을 선고하고, 사건을 둘러싼 일본문부성의 교과서 검정이 위법이었다는 것이 최종적으로 확정되었다(남경사건을 둘러싼 교과서 재판 경위는 교과서 검정소송을 지원한 전국연결회편 『이에나가 교과서 재판·제3차소송지 재편4 남경대학살 조선인민저항 731부대』를 참고하고 싶다). 「남경대학살논쟁」도 학문적으로는 이미 결착되어 있었지만 정치적인 의도로부터 남경사건의 사실을 부정하려고 하는 일부의 사람들을 제외하면, 역사사실 그 자체는 부정할 수 없게 되었다. 중학교나 고교 역사교과서의 남경사건 기술도 요즘은 대단히 개선되어 오고 있다.

앞으로 일본국민에게 요구되고 있는 것은 센세이셔널한 논쟁으로부터 벗어나 역사사실과 그 전체상을 냉정히 인식해 가는 것이라 생각한다. 남경사건에 대해 국민 측이 계속하고 있는 재판이 "중국인 전쟁 피해자의 소송"이다. 이 재판은 중국인의 전쟁피해자가 원고로 피고인 일본정부나 기업에 대하여 위자료 등의 손해배상을 요구하고 있는 것이다. 남경사건에서는 강간하려고 한 일본병으로부터 상해를 입은 이수영李秀英씨가 원고가 되어 도쿄 지방재판소에서 심리審理가 진행되고 있다. 변호사를 중심으로 한 시민 단체와 개인이 "중국인 전쟁피해자의 요구를 유지하는 모임"을 결성하고, 동 소송을 전면적으로 백업하고 있다. 그것은 일본의 전후 전쟁책임을 완수하는 방법을 가해사실에 대한 반성·사죄의 단계에서 손해보상의 실현단계로 나아가려는 선구적인 의미를 가지고 있다.

세계사 속의 남경사건

남경사건 60주년에 맞는 1997년 8월에 남경에서 「남경대학살사 국제심포지엄」이 개최되어, 나도 출석하여 보고했다. 11월에는 프린스턴 대학에서 「남경1937·국제회의」가 개최되고, 12월에는 도쿄에서 「남경대학살 60년 국제심포지엄」이 행해진다. 나는 양쪽 모두 참가해서 보고할 예정이지만, 남경사건이 세계사 속의 사건이라는 것을 새삼스럽게 실감하고 있다.

머지않아, 인류는 21세기를 맞이한다. 인류사에 있어 20세기는 세계전쟁 세기이기도 했다. 남경사건에 한하지 않고 세계각지에서 전쟁 때마다 학살·잔학사건이 되풀이되어 왔다. 일본군은 왜 남경대학살을 행한 것인가, 그 역사적 사회적 여러 요인을 분석하고, 그것과 동질 내지 공통되는 준비가 현재 우리의 사회나 의식 구조의 속에 잔존 혹은 재생하지 않고 있는가, 남경사건을 야기한 일본병의 의식 속에 있었던 중국인 차별·멸시관을 현재의 일본인은 어디까지 극복해 왔는가. 그것들을 역사적으로 되묻고 자각적으로 인식함으로써 우리는 "전쟁의 역사적 교훈"을 세계 사람들에게 물을 수 있을 것이다. 그것이 21세기를 향하여 인류가 이와 같은 우행을 되풀이하지 않기 위해 일본국민으로서 세계사의 진전에 공헌할 수 있는 길이 아닌가라고 생각하고 있다.

주요 참고·인용문헌

【사료】

방위청 방위연구소 도서관 소장사료

「해군 제13항공대 전투상보(쇼와 12년 9월~13년 6월)」

「가네시로연대사」, 보칠전우회, 1969년

「군령부 제1부 갑부원/지나사변 처리(쇼와 12년 7월 11일~12년 11월 25일)」

「지나사변에서의 제국해군의 행동」, 해군성 해군 군사보급부, 1938년

「사변관계 부해연구회기록」, 해군성 교육국

「다나카 신이치/지나사변기록, 3」

「다나카 신이치/지나사변기록, 4」

「제16사단 관계 자료철」

「제2연합 항공대 전투상보(쇼와 12년 9월~12월 12일)」

「쓰루가연대사」, 쓰루가연대 사적보존회, 1964년

「남경작전의 진상(구마모토사단전기)」, 고시마 히로사쿠, 도쿄정보사,
    1966년

「보병 제50연대사」, 호리코시 요시오 편, 1984년

「명맥―진중일지」, 히라모토 아쓰시, 사가판, 1981년

예일대학 신학도서관 귀중문서관 소장사료(YALE DIVINITY SCHOOL
  LIBRARY, Special Collections)

「윌슨 문서」 Robert O. Wilson Papers, RG(Record Group)11 Box 229

「보트링 문서」 Minnie Vautrin's Diary 1937~1940, RG 8 Box 204,
  Ginling College Correspondent Vautrin Wilhemina, RG 11 Box
  145

「포스타 문서」 CRP. Miscellaneous Personal Papers Collection,
  Ernest & Clarissa Forster, RG 8 Box 263–265

「베이츠 문서」 Miner Searle Bates Papers, RG 10Box 1–102

콜롬비아 대학 도서관 귀중서·문서관 소장사료(COLUMBIA
  UNIVERSITY LIBRARY, Rare Book and Manuscript Library)

Chinese Oral History, No.29, The China Missionaries: Lewis
  S.C.Smythe, James Henry McCallum

【자료집 / 회고록·일기·증언】

『중일전쟁 남경 대잔학사건 자료집1 극동국제군사재판 관계 자료
  편』·『동 자료집2 영문자료편』, 호라 도미오 편, 아오키서점,
  1985년

『남경사건 자료집1 미국 관계 자료편』·『동 자료집2 중국 관계 자료편』, 남경사건조사 연구회편역, 아오키서점, 1992年

『남경사건 교토사단 관계 자료집』, 이구치 가즈키·기사카 준이치로·시모자토 마사키 편, 아오키서점, 1989년

『남경전사 자료집』, 남경전사편집위원회 편, 해행사, 1989년

『남경전사 자료집 2』, 남경전사편집위원회 편, 해행사, 1993년

『남경대학살을 기록한 황군병사들―제13사단 야마다지대 병사의 진중일기』, 오노 켄지·후지와라 아키라·혼다 가쓰이치, 오쓰키서점, 1996년

「남경사건·라베 보고서」, 존 H. D. 라베, 가타오카 데쓰시 역, 『계간 전쟁책임연구』16호, 1997년 6월

『남경의 진실』, 존 H. D. 라베, 히라노 교코 역, 고단샤, 1997년

「이이누마 마모루 일기」, 전게 『남경전사 자료집』

『이시이 이타로 일기』, 이토 다카시·류걸 편, 중앙공론사, 1993년

「이시하라 간지 중장 회상 응답록」, 『현대사자료9 중일전쟁2』, 미스즈서방, 1964년

『잃어버린 정치』, 고노에 후미마로, 아사히신문사, 1946년

「가지타니 겐로 일기」, 전게 『남경전사 자료집 2』

「가와베 도라지로 소장 회상응답록」, 『현대사자료12 중일전쟁4』, 미스즈서방, 1965년

「기타야마 일기」, 전게 『교토사단 관계 자료집』

『군무국장 무토 아키라 회상록』, 조호 요시오 편, 부용서방, 1981년

「사사키 도이치 소장 사기」, 전게『남경전사 자료집』

「시타무라 사다무 대장 회상응답록」, 전게『현대사자료9 중일전쟁2』

『쇼와 천황 독백록・데라사키 히데나리 용무담당 일기』, 데라사키
    히데나리, 마리코・데라사키・미러편, 문예춘추, 1991년

「하타 로쿠 일기」,『속・현대사자료4 육군』, 미스즈서방, 1983년

「마키하라 일기」, 전게『교토사란 관계 자료집』

「마쓰이 이와네 대장 진중일기」, 전게『남경전사 자료집 2』

『레링크 판사의 도쿄재판 ― 역사적 증언과 전망』, B.V.A. 레링크, A.
    카셋제, 고스게 노부코 역, 아와야 겐타로 해설, 신요사, 1996년

『전사총서・중국방면 해군작전1』, 방위청 방위연수소 전사실, 아사
    구모신문사, 1974년

『전사총서・중국방면 해군작전1』, 방위청 방위연수소 전사실, 아사
    구모신문사, 1975년

「전장에 있어 특수현상과 그 대책」, 요시미 요시아키 편『종군위안
    부자료집』, 오쓰키서점, 1992년

『남경』, 남경 일본상공회의소 편, 1941년

『남경시정 개황』, 남경 특무기관조제, 1942년

『남경성 총공격』, 다카기 요시카타, 대일본 웅변회강담사, 1938년

「남경지구에 있어 전쟁피해 ― 1937년 12월 ~ 1938년 3월 ― 도시 그리
    고 농촌조사」, 루이스. S. C. 스마이스, 전게『중일전쟁 남경 대잔

학사건 자료집2 영문자료편』

『남경 일본거류민지』, 쇼지 도쿠지, 남경거류민단, 1940년

『고순현지』, 고순현 지방지편찬위원회 편, 강소고적출판사, 1988년

『성풍혈우―침화일군 강소폭행록』, 강소문사자료편집부, 강소성정
협문사자료위원회, 1995년

『강녕현지』, 강녕현 지방지편찬위원회 편, 당안출판사, 1979년

『강포현지』, 강포현 지방지편찬위원회 편, 하해대학출판사, 1995년

『구용현지』, 구용현 지방지편찬위원회 편, 강소인민출판사, 1994년

「일군침점 구용기간폭행록」, 구용시 지변공실, 1997년

『강포항일봉화』, 중공강포현 당사자료수집편공실, 1986년

『침화일군 남경대도살 당안』, 중국제2역사 당안관·남경시 당안관
〈남경대도살〉 자료편집위원회, 강소고적출판사, 1987년

「일본침화전쟁 대중도서관 사업파괴」, 농위웅·관건문 『항일전쟁연
구』, 1994년, 제3기

『율수현지』, 율수현 지방지펴공실, 강소고적출판사, 1987년

「남경 수성전역 친역기」, 송희렴, 중국 인민정치 협상회의 국위원회
편 『문사자료선집 제12집』, 중국문사출판사(출판연도 기술되어 있지
않음)

『남경대도살』, 중국항일전쟁사학회 편, 1997년

『남경보위전사』, 손택위, 오남도서출판, 1997년

『일구폭행실록』, 중국국민정부군사위원회, 1938년

【저서·논문】

이시지마 노리유키『중국항일전쟁사』, 아오키서점, 1984년

교과서 검정소송을 지원하는 전국연락회 편『이에나가 교과서 재
　　판·제3차 소송 고등법원 편2 남경대학살, 조선인민의 저항, 731
　　부대』, 민슈샤, 1997년, 『동 지방 법원 편4 남경대학살, 731부대』,
　　론크출판, 1991년

에구치 게이치『신판·15년 전쟁 소사』, 아오키서점, 1991년

에구치 게이치「상해전과 남경진격전－남경대학살의 서장」, 후게
　　『남경대학살의 연구』수록

오쿠미야 마사타케『내가 본 남경사건』, PHP연구소, 1997년

가사하라 도쿠시『아시아 속의 일본군－전쟁책임과 역사학·역사교
　　육』, 오쓰키서점, 1994년

가사하라 도쿠시『남경 난민구의 백일』, 이와나미서점, 1995년

가사하라 도쿠시『중일전면전쟁과 해군－파나이호사건의 진상』,
　　아오키서점, 1997년

가사하라 도쿠시「남경방위군의 붕괴에서 학살까지」, 후게『남경대
　　학살의 연구』수록

가사하라 도쿠시「발견된 남경학살의 증언－히틀러에게 보낸 나치
　　당원 존 라베의 보고와 일기」, 『세계』1997년 9월호, 이와나미서점

가사하라 도쿠시「중일전쟁과 미국국민의식－파나이호사건·남경
　　사건을 둘러싸고」, 후게『중일전쟁』수록

〈자민당〉역사·검토위원회 편『대동아전쟁의 총괄』, 덴텐샤, 1995년

존. W. 다워『인종편견—태평양전쟁으로 보는 미일마찰의 저류』, 사
　　이토 하지메 역, TBS브리태니커, 1987년

주오대학 인문과학 연구소 편『중일전쟁—일본·중국·미국』, 주오
　　대학출판부, 1993년

남경전사편집위원회 편『남경전사』, 해행사, 1989년

하타 이쿠히코『남경사건』, 중공신서, 1986년

후지 노부오『「남경대학살」은 이렇게 만들어졌다—도쿄재판의 기
　　만』, 덴텐샤, 1995년

후지와라 아키라『남경대학살』, 이와나미 북클릿, 1985년

후지와라 아키라『남경의 일본군—남경대학살과 그 배경』, 오쓰키
　　서점, 1997년

후지타 히사카즈『전쟁범죄란 무엇인가』, 이와나미신서, 1995년

후지타 히사카즈『신판·국제인도법』, 유신당, 1993년

호라 도미오『결정판 남경대학살』, 도쿠마서점, 1982년

호라 도미오『남경대학살의 증명』, 아사히신문사, 1986년

호라 도미오·후지와라 아키라·혼다 가쓰이치 편『남경사건을 생각
　　한다』, 오쓰키서점, 1987년

호라 도미오·후지와라 아키라·혼다 가쓰이치 편『남경대학살의 현
　　장으로』, 아사히신문사, 1988년

호라 도미오·후지와라 아키라·혼다 가쓰이치 편『남경대학살의 연

구』, 반세이샤, 1992년

혼다 가쓰이치『남경으로의 길』, 아사히문고, 1989년

혼다 가쓰이치『남경대학살』, 혼다 가쓰이치집 23, 아사히신문사, 1997년

마에다 데쓰오『전략폭격의 사상』, 아사히신문사, 1988년

마쓰모토 시게하루『상해시대』하, 중공신서, 1975년

야마다 아키라『대원수 쇼와 천황』, 신일본출판사, 1988년

야마다 아키라『군비확장의 근대사―일본군의 팽창과 붕괴』, 요시카와코분칸, 1997년

요시다 유타카『천황의 군대와 남경사건』, 아오키서점, 1986년

요시다 유타카「15년전쟁사연구와 전쟁책임문제」, 전게『남경사건을 생각한다』

요시다 유타카「남경사건과 국제법」, 전게『남경대학살의 연구』

와타나베 간『남경학살과 일본군』, 아카시서점, 1997년

원문 참고문헌

【사료】

防衛庁防衛研究所図書館所蔵史料

「海軍第十三航空隊戦闘詳報(昭和十二年九月～十三年六月)」

「金城連隊史」、歩七戦友会、一九六九年

「軍令部第一部甲部員／支那事変処理(昭和十二年七月一日～十二
　　年十一月二十五日)」

「支那事変に於ける帝国海軍の行動」、海軍省海軍軍事普及
　　部、一九三八年

「事変関連掃海研究会記録」、海軍省教育局

「田中新一／支那事変記録 其の三」

「田中新一／支那事変記録 其の四」

「第一六師団関連資料綴」

「第2連合航空隊戦闘詳報(昭和十二年九月～十二月十二日)」

「敦賀連隊史」、敦賀連隊史蹟保存会、一九六四年

「南京作戦の真相(熊本師団戦記)」、五島広作、東京情報社、
　　一九六六年

「歩兵第五十連隊史」、堀越好雄編、一九六四年

「命脈一陣中日誌」、平本渥 私家版、一九八一年

イエール大学神学図書館貴重文書館所蔵史料(YALE DIVINITY
  SCHOOL LIBRARY, Special Collections)

「ウィルソン文書」Robert O. Wilson Papers, RG(Record Group)11
  Box 229

「ヴォートリン文書」Minnie Vautrin's Diary 1937－1940, RG 8 Box
  204, Ginling College Correspondent Vautrin Wilhemina, RG 11 Box
  145

「フォースター文書」CRP. Miscellaneous Personal Papers
  Collection, Ernest & Clarissa Forster, RG 8 Box 263－265

「ベイツ文書」Miner Searle Bates Papers, RG 10Box 1－102

コロンビア大学図書館貴重書・文書館所蔵史料(COLUMBIA
  UNIVERSITY LIBRARY, Rare Book and Manuscript Library)

Chinese Oral History, No.29, The China Missionaries: Lewis
  S.C.Smythe, James Henry McCallum

【자료집 / 회고록・일기・증언】

『日中戦争 南京残虐事件資料集 1 極東国際軍事裁判関係
  資料編』・『同 2 英文資料編』、洞冨雄編、青木書店、
  一九八五年

『南京事件資料集 1 アメリカ関係資料編』・『同 2 中国関係資料編』、南京事件調査研究会編訳、青木書店、一九九二年

『南京事件 京都師団関係資料集』、井口和起・木坂順一郎・下里正樹編、青木書店、一九八九年

『南京戦史資料集』、南京戦史編集委員会編、偕行社、一九八九年

『南京戦史資料集 II』、南京戦史編集委員会編、偕行社、一九九三年

『南京大虐殺を記録した皇軍兵士たち―第十三師団山田支隊兵士の陣中日記』、小野賢二・藤原彰・本多勝一、大月書店、一九九六年

「南京事件・ラーベ報告書」、ジョン・H・D・ラーベ、片岡哲史訳、『季刊・戦争責任研究』16号、一九九七年六月

『南京の真実』、ジョン・H・D・ラーベ、平野卿子訳、講談社、一九九七年

「飯沼守日記」、前掲『南京戦史資料集』

『石射猪太郎日記』、伊藤隆・劉傑編、中央公論社、一九九三年

「石原莞爾中将回想応答録」、『現代史資料9 日中戦争2』、みすず書房、一九六四年

『失われし政治』、近衛文麿、朝日新聞社、一九四六年

「梶谷健郎日記」、前掲『南京戦史資料集 II』

「河辺虎四郎少将回想応答録」、『現代史資料12 日中戦争4』、

　　みすず書房、一九六五年

「北山日記」、前掲『京都師団関係資料集』

『軍務局長武藤章回想録』、上法快男編、芙蓉書房、
　　一九八一年

「佐々木到一少将私記」、前掲『南京戦史資料集』

「下村定大将回想応答録」、前掲『現代史資料9 日中戦争2』

『昭和天皇独白録・寺崎英成御用掛日記』、寺崎英成、マリ
　　コ・テラサキ・ミラー編、文藝春秋、一九九一年

「畑俊六日記」、『続・現代史資料4 陸軍』、みすず書房、
　　一九八三年

「牧原日記」、前掲『京都師団関係資料集』

「松井石根大将陣中日記」、前掲『南京戦史資料集Ⅱ』

『レーリンク判事の東京裁判―歴史的証言と展望』、Ｂ・Ｖ・Ａ
　　・レーリンク、Ａ・カッセーゼ、小菅信子訳、粟屋憲太郎
　　解説、新曜社、一九九六年

『戦史叢書・中国方面海軍作戦1』、防衛庁防衛研修所戦史
　　室、朝雲新聞社、一九七四年

『戦史叢書・中国方面海軍作戦1』、防衛庁防衛研修所戦史
　　室、朝雲新聞社、一九七五年

「戦場に於ける特殊現象と其の対策」、吉見義明編『従軍慰安
　　婦資料集』、大月書店、一九九二年

『南京』、南京日本商工会議所編、一九四一年

『南京市政概況』、南京特務機関調製、一九四二年

『南京城総攻撃』、高木義賢、大日本雄弁会講談社、

一九三八年

「南京地区における戦争被害―一九三七年十二月～一九三八
　　年三月―都市および農村調査」、ルイス・S・C・スマイ
　　ス、前掲『日中戦争 南京大残虐事件資料集2 英文資料編』

『南京日本居留民誌』、庄司得二、南京居留民団、一九四〇年

『高淳県誌』、高淳県地方誌編纂委員会編、江蘇古籍出版
　　社、一九八八年

『腥風血雨―侵華日軍江蘇暴行録』、江蘇文史資料編輯部、
　　江蘇省政協文史資料委員会、一九九五年

『江寧県誌』、江寧県地方誌編纂委員会編、檔案出版社、
　　一九七九年

『江浦県誌』、江浦県地方誌編纂委員会編、河海大学出版
　　社、一九九五年

『句容県誌』、句容県地方誌編纂委員会編、江蘇人民出版
　　社、一九九四年

「日軍侵占句容期間暴行録」、句容市誌辨公室、一九九七年

『江浦抗日烽火』、中共江浦県党史資料収集辨公室、
　　一九八六年

『侵華日軍南京大屠殺檔案』、中国第二歴史檔案館・南京市
　　檔案館〈南京大屠殺〉資料編輯委員会、江蘇古籍出版
　　社、一九八七年

「日本侵華戦争対中国図書館事業破壊」、農威雄・関健文『抗
　　日戦争研究』、一九九四年、第3期

『溧水県誌』、溧水県地方誌辨公室、江蘇古籍出版社、一九八七年

「南京守城戦役新暦記」、宋希濂、中国人民政治協商会議国委員会編『文史資料選輯第十二輯』、中国文史出版社(出版年記述なし)

『南京大屠殺』、中国抗日戦争史学会編、一九九七年

『南京保衛戦史』、孫宅巍、五南図書出版、一九九七年

『日寇暴行実録』、中国国民政府軍事委員会、一九三八年

【저서·논문】

石島紀之『中国抗日戦争史』、青木書店、一九八四年

教科書検定訴訟を支援する全国連絡会編『家永教科書裁判·第三次訴訟高裁編2 南京大虐殺、朝鮮人民の抵抗、731部隊』、民衆社、一九九七年、『同地裁編4 南京大虐殺、731部隊』、ロング出版、一九九一年

江口圭一『新版·十五年戦争小史』、青木書店、一九九一年

江口圭一「上海戦と南京進撃戦ー南京大虐殺の序章」、後掲『南京大虐殺の研究』所収

奥宮正武『私の見た南京事件』、PHP研究所、一九九七年

笠原十九司『アジアの中の日本軍ー戦争責任と歴史学·歴史教育』、大月書店、一九九四年

笠原十九司『南京難民区の百日』、岩波書店、一九九五年

笠原十九司『日中全面戦争と海軍ーパナイ号事件の真相』、青木書店、一九九七年

笠原十九司「南京防衛軍の崩壊から虐殺まで」、後掲『南京大
　虐殺の研究』所収

笠原十九司「発見された南京虐殺の証言ーヒトラーにあ
　てたナチス党員ジョン・ラーベの報告と日記」、『世界』
　一九九七年九月号、岩波書店

笠原十九司「日中戦争とアメリカ国民意識ーパナイ号事件・
　南京事件をめぐって」、後掲『日中戦争』所収

〈自民党〉歴史・検討委員会編『大東亜戦争の総括』、展転社、
　一九九五年

ジョン・W・ダワー『人種偏見ー太平洋戦争に見る日米摩擦
　の底流』、斉藤元訳、TBSブリタニカ、一九八七年

中央大学人文科学研究所編『日中戦争ー日本・中国・アメリ
　カ』、中央大学出版部、一九九三年

南京戦史編集委員会編『南京戦史』、偕行社、一九八九年

秦郁彦『南京事件』、中公新書、一九八六年

富士信夫『「南京大虐殺」はこうして作られたー東京裁判の欺
　瞞』、展転社、一九九五年

藤原彰『南京大虐殺』、岩波ブックレット、一九八五年

藤原彰『南京の日本軍ー南京大虐殺とその背景』、大月書
　店、一九九七年

藤田久一『戦争犯罪とは何か』、岩波新書、一九九五年

藤田久一『新版・国際人道法』、有信堂、一九九三年

洞富雄『決定版 南京大虐殺』、徳間書店、一九八二年

洞富雄『南京大虐殺の証明』、朝日新聞社、一九八六年

洞富雄·藤原彰·本多勝一編『南京事件を考える』、大月書店、一九八七年

洞富雄·藤原彰·本多勝一編『南京大虐殺の現場へ』、朝日新聞社、一九八八年

洞富雄·藤原彰·本多勝一編『南京大虐殺の研究』、晩聲社、一九九二年

本多勝一『南京への道』、朝日文庫、一九八九年

本多勝一『南京大虐殺』、本多勝一集23、朝日新聞社、一九九七年

前田哲男『戦略爆撃の思想』、朝日新聞社、一九八八年

松本重治『上海時代』下、中公新書、一九七五年

山田朗『大元帥 昭和天皇』、新日本出版社、一九八八年

山田朗『軍備拡張の近代史ー日本軍の膨張と崩壊』、吉川弘文館、一九九七年

吉田裕『天皇の軍隊と南京事件』、青木書店、一九八六年

吉田裕「一五年戦争史研究と戦争責任問題」、前掲『南京事件を考える』

吉田裕「南京事件と国際法」、前掲『南京大虐殺の研究』

渡辺寛『南京虐殺と日本軍』、明石書店、一九九七年

저자 후기

이에나가교과서 재판을 측면지원할 목적으로 1984년에 발족된 남경사건 조사연구회에 참가하여 남경사건 연구에 몰두하게 된 지 13년째가 된다. 일본에서는 지금까지 남경사건의 사실을 부정 내지 축소시키려 한다는 주장이 정치적 의도를 가지고 전개되었기 때문에 남경대학살논쟁이 센세이셔널한 양상을 보인 결과, 역사학 분야에서는 이 테마를 연구하는 것을 경원시 하는 경향이었다. 때문에 남경사건을 역사연구 주제로 삼아 역사학적으로 논하는 작업이 충분히 이루어지지 않았다.

근래에 와서 내가 증언한 이에나가교과서재판 제3차 항소심에서 남경사건 기술에 대한 문부성 검정이 위법이라는 판결이 내려지고 (1993년 10월), 문부성이 대법원에 항고하지 않았기 때문에 일전의 대법원 판결로 국가 측의 패소가 확정되었다. 현재는 대부분의 고등학교 일본사교과서와 중학교 역사교과서에 남경사건을 기술하도록 하고 있다.

현재 남경사건을 일본 근현대사·세계현대사에 위치시켜 연구하는 학문적 환경이 드디어 생겨났다고 하는 것에 감개한다. 본서는 그러한 시기가 도래한 것에 맞추어 남경사건의 원인, 경과, 전체상과 그 역사적 의미의 서술을 시험해 본 것이다. 본서는 남경사건을 다룬 나의 저서인 『아시아 속의 일본군』 『남경 난민구의 백일』 『중일 전면전쟁과 해군』을 바탕으로 하여 저술되었다. 때문에 본서 5장 등은 『남경 난민구의 백일』에서 인용한 부분이 많다. 독자들의 양해를 바란다.

본서를 이렇게 정리할 수 있었던 것은 편집부의 이노우에 가즈오 씨가 구성부터 시작하여 문자 그대로 '편집자'로서 신속하고 정확한 어드바이스와 배려를 해 준 덕분이다. 인내를 가지고 계속 무언의 격려를 해준 것에 대해 정말로 감사하고 있다.

본서는 후지와라 아키라 선생님을 비롯해 남경사건 조사연구회 여러분이 많이 도와 주셨다. 특히 요시다 유타카씨에게는 기획구상 단계부터 귀중한 조언을 들었고, 더욱이 교정쇄도 봐 주셨다. 감사의 말씀을 드리고 싶다.

1997년 10월

가사하라 도쿠시

남경사건

초판 1쇄 발행일 2017년 3월 15일

지은이 가사하라 도쿠시
옮긴이 이상복
펴낸이 박영희
편집 김영림
디자인 박희경
마케팅 임자연
인쇄·제본 AP프린팅
펴낸곳 도서출판 어문학사
　　　　서울특별시 도봉구 해등로 357 나너울카운티 1층
　　　　대표전화: 02-998-0094/ 편집부1: 02-998-2267, 편집부2: 02-998-2269
　　　　홈페이지: www.amhbook.com
　　　　트위터: @with_amhbook
　　　　페이스북: https://www.facebook.com/amhbook
　　　　블로그: 네이버 http://blog.naver.com/amhbook
　　　　다음 http://blog.daum.net/amhbook
　　　　e—mail: am@amhbook.com
　　　　등록: 2004년 7월 26일 제2009—2호

ISBN 978-89-6184-432-1 03910
정가 15,000원

이 도서의 국립중앙도서관 출판예정도서목록(CIP)은 e-CIP홈페이지(http://www.nl.go.kr/ecip)와
국가자료공동목록시스템(http://www.nl.go.kr/kolisnet)에서 이용하실 수 있습니다.
(CIP제어번호: CIP 2017002936)